PRINCIPES ÉLÉMENTAIRES

D'ÉCONOMIE POLITIQUE

à l'usage de l'Enseignement spécial des Lycées et Collèges
et des cours spéciaux de l'Enseignement primaire

OUVRAGE ADOPTÉ PAR LA COMMISSION DES BIBLIOTHÈQUES
POPULAIRES ET SCOLAIRES

PAR

RENE TELLIEZ

DOCTEUR EN DROIT — JUGE AU TRIBUNAL CIVIL
MEMBRE DE LA SOCIÉTÉ DES SCIENCES DE LILLE
PRÉSIDENT HONORAIRE DE LA SOCIÉTÉ DES AGRICULTEURS DU NORD
SECRÉTAIRE DU CONSEIL DÉPARTEMENTAL DE L'INSTRUCTION PRIMAIRE DU NORD

Quatrième Edition

PARIS

LIBRAIRIE CH. DELAGRAVE

15, RUE SOUFFLOT, 15

PRINCIPES ÉLÉMENTAIRES

D'ÉCONOMIE POLITIQUE

PARIS. — IMP. V. GOUPY ET JOURDAN, RUE DE RENNES, 71

PRINCIPES ELÉMENTAIRES

D'ÉCONOMIE POLITIQUE

a l'usage de l'Enseignement spécial des Lycées et Collèges
et des cours spéciaux de l'Enseignement primaire

OUVRAGE ADOPTÉ PAR LA COMMISSION DES BIBLIOTHÈQUES POPULAIRES ET SCOLAIRES

PAR

RENÉ TELLIEZ

DOCTEUR EN DROIT — JUGE AU TRIBUNAL CIVIL
MEMBRE DE LA SOCIÉTÉ DES SCIENCES DE LILLE
PRÉSIDENT HONORAIRE DE LA SOCIÉTÉ DES AGRICULTEURS DU NORD
SECRÉTAIRE DU CONSEIL DÉPARTEMENTAL DE L'INSTRUCTION PRIMAIRE DU NORD

Quatrieme Edition

PARIS

LIBRAIRIE CH. DELAGRAVE

15, RUE SOUFFLOT, 15

PRÉFACE.

Il y a des symptômes de convulsions sociales; chacun se demande où est le moyen de conjurer le péril.

Je crois, en ce qui me concerne, qu'il est dans la diffusion des vérités économiques.

Qu'il soit bien établi que nulle société ne peut exister en dehors de règles précises, indiscutables, établies par la Providence elle-même, consacrées par l'expérience de tous les siècles.

Que ces notions, ignorées du plus grand nombre, même des hommes instruits, soient répandues, offertes à tous (pour qu'elles s'imposent, il suffit qu'elles soient connues), et le danger des perturbations sera, sinon écarté, au moins diminué.

Pénétré de cette pensée, je m'efforce d'offrir, dans les pages qui suivent, un aperçu aussi bref et aussi clair que mes forces le permettent, des principes élémentaires de l'économie sociale.

15 avril 1867

J'écrivais cette page il y a quinze années, et elle a servi de préface, à deux éditions parues en 1867 et en 1872. J'avoue que, malgré le temps écoulé, je ne trouve aujourd'hui rien à y changer.

Sauf, peut-être, que depuis ces quinze années, le danger s'est encore aggravé. Qu'a-t-on fait, cependant, pour y porter remède?

On a, je le sais, institué des cours publics; mais je sais aussi, et d'expérience, ce qu'ils peuvent; ce petit ouvrage n'étant autre que la synthèse d'un cours que j'ai fait à la Faculté des Sciences de Lille, en 1865.

A ces sortes de conférences, la plupart des auditeurs arrivent avec des opinions toutes faites. Ils ont chacun leur théorie économique conforme à leurs intérêts, à leur esprit de classe et à leur position sociale. On n'y convainc que ceux qui déjà étaient convertis; les autres se raidissent ou s'éloignent avec dédain.

Ce n'est pas là que se peuvent former les convictions sérieuses. Pour que la vérité s'établisse dans l'esprit, il faut qu'elle y arrive avant le préjugé. Toute science, d'ailleurs, exige un plan d'étude, une méthode, un travail suivi, et, pour moi, c'est à l'école seulement, que la science économique peut s'enseigner avec fruit.

A cette semence, il faut une terre vierge.

C'est donc à la jeunesse plus particulièrement, et plus spécialement aussi aux élèves des écoles primaires que s'adresse ce livre.

Qu'on veuille bien y prendre garde. en effet, c'est pour cette jeunesse destinée à fournir à la production économique ses nombreuses et vaillantes légions, que cet enseignement offre un degré d'urgence et d'utilité supérieur.

Nous avons enfin l'enseignement obligatoire, dont le corollaire obligé est l'éducation civique, et, on finira bien par s'en apercevoir, c'est l'économie politique qui est le pivot de toute éducation civique.

Quelques-uns objectent l'aridité de la matière et la difficulté de la mettre à la portée des instituteurs et de leurs élèves.

Est-ce bien sérieux? et à qui fera-t-on croire qu'il peut être malaisé et même indifférent pour la jeunesse de nos écoles et ses maîtres, d'arrêter leur pensée sur des questions qui se résument ainsi:

Pourquoi les hommes ont-ils dans le milieu social des fonctions si diverses?

Pourquoi l'un prépare-t-il des aliments, l'autre des habits, l'autre des chaussures?

Pourquoi tels autres vont-ils chercher dans les entrailles de la terre ou les abîmes de la mer, de la houille, du minerai, des poissons?

Qu'est-ce que le capital?

Quel est le jeu de la monnaie dans le rouage social? etc., etc.

C'est l'économie politique qui donne l'explication de ces mille et mille phénomènes d'activité et de mutualité de services qui s'échangent dans le temps et l'espace.

Cela, quoiqu'on en dise, est moins aride que la grammaire elle même, l'arithmétique et le reste du programme aujourd'hui si rempli de l'enseignement primaire.

Je connais le personnel enseignant, celui du Nord au moins, et je mets en fait que dans le nombre il n'en est guère, s'il en existe, qui, après avoir compris dans leur enseignement la science économique pendant une année seulement, n'arrivent à lui donner tout le développement et la clarté voulus, en joignant au précepte l'exemple tiré du milieu même où s'exerce leur fonction.

Si lourde est leur besogne, toutefois, et si rares sont les heures qu'ils pourraient consacrer à une science qui, pour la première fois, entre dans leur programme, qu'il est du devoir de tous de leur faciliter la tâche.

Lorsque j'ai entrepris le petit ouvrage que je réédite aujourd'hui, j'avais, je le reconnais, obéi à une préoccupation trop exclusive. J'étais sous l'empire de cette idée que l'on ne peut être trop sobre dans l'exposé de la vérité, et que le raisonnement perd de sa force s'il ne revêt, pour ainsi dire, la forme d'une démonstration mathématique.

Cela m'a conduit à une concision peut-être excessive ; et, eu égard surtout au but que je me propose, il serait désirable, me dit-on, que je donnasse parfois plus de développement à la pensée.

Je me rends d'autant plus volontiers à ces observations, qu'elles sont aussi bienveillantes qu'autorisées, et sans rien changer ni à la division, ni à la substance du sujet, je reprends mon œuvre avec l'intention, cette fois, de la mettre plus à la portée de la jeunesse et de faciliter ainsi la tâche de ses maîtres.

Dans la plupart des ouvrages destinés à l'enseignement, chaque leçon est ordinairement suivie d'un questionnaire et, parfois, d'un exercice de rédaction. Étant donnée la nature du sujet, j'ai cru plus utile de mettre en regard de chaque paragraphe une note marginale indiquant son objet.

Les maîtres, auxquels je laisse ainsi plus d'initiative, y trouveront, au besoin, matière à interrogations et à résumés écrits.

15 avril 1883

MATIÈRES DE CET OUVRAGE.

INTRODUCTION.

DÉFINITION DE L'ÉCONOMIE POLITIQUE.

Dieu en donnant à l'homme des besoins, lui a rendu nécessaire la ressource du travail (Turgot) [1].

Besoins sans cesse renouvelés, nécessité d'y pourvoir par une série d'actes qui s'appellent *Travail*, toute l'existence humaine est dans ces deux mots.

L'homme vient en ce monde nu, il n'a ni toison, ni fourrure, ni plumes, ni écailles qui le protègent contre les intempéries ou la piqûre des insectes. Indépendamment donc du besoin de manger qui lui est commun avec les animaux, il ne peut entretenir son existence qu'à la condition de se vêtir, de se loger, de se chauffer.

---

(1) Turgot, qui fut ministre de Louis XVI, appartenait à la Société des Physiocrates, et il fut l'un des pères de la science économique.

à l'état primitif.

Lorsqu'il est à l'état primitif, ces besoins se réduisent à des proportions assez restreintes : une cabane, des instruments de chasse et de pêche, les dépouilles des animaux dont la chair a fait son alimentation, tels sont à peu près les seules choses que possède le sauvage et elles suffisent à son existence.

à l'état
de civilisation.

Mais, au fur et à mesure qu'il avance en civilisation, ses besoins s'augmentent pour arriver souvent à d'incroyables proportions étant donné leur point de départ. C'est, en effet, le propre des besoins de l'homme (en cela encore différents de ceux des animaux, toujours à peu près les mêmes) qu'ils sont essentiellement variables, avec une invincible tendance à une progression constante et sans limites.

Variabilité
des besoins

Établissez une comparaison entre le sauvage dont nous parlions tout à l'heure et le plus humble des ouvriers de nos villes et vous jugerez de la différence qui existe entre ce qui suffit au premier et est indispensable au second.

Quant à la progression, écoutez la peinture qu'en fait Bastiat [1].

« Voyez ce rude et laborieux artisan, habitué

---

(1) Bastiat, auteur de plusieurs ouvrages sur l'économie politique, qui sont des prodiges de verve, de haut savoir et de bon sens.

à d'humbles vêtements, à une alimentation grossière, à un misérable logement, il lui semble qu'il serait le plus heureux des hommes, s'il arrivait à une condition supérieure et il s'étonne que ceux qui y sont, puissent encore désirer quelque chose.

» Il y arrive ; la veste a remplacé la blouse ; le voilà heureux, heureux ; hélas, pour bien peu de jours. Il se familiarise avec sa nouvelle position et peu à peu cesse de sentir son prétendu bonheur. Il revêt avec indifférence le vêtement après lequel il avait tant soupiré. Il s'est fait un autre milieu, il a fréquenté d'autres personnes, il a même, de temps en temps, porté ses lèvres à une autre coupe.

» Bref, il aspire à monter un autre degré et il sent bien que s'il monte, ses désirs ont monté avec lui et que si sa fortune a changé, son âme est restée la même : une source intarissable de désirs. »

C'est, selon les vues de la Providence, dans cette insatiabilité même du désir, que se trouve le stimulant toujours nouveau de l'activité humaine.

Après les besoins du corps viennent ceux de l'esprit : la lecture, la musique, le théâtre.

Heureuses les Nations qui mettent leurs principales jouissances dans la culture des lettres, des sciences et des arts. De tels besoins témoignent d'une noblesse de goûts qui est l'indice d'un état de civilisation avancé.

État de civilisation avancée.

Pour en finir avec cette analyse du besoin, disons que s'il est en lui même une peine, satisfait, il est l'occasion d'un plaisir.

Besoin. — Peine

J'ai faim, j'ai soif, j'ai froid. j'en souffre......., mais aussi quel bien-être lorsque, rentrant à ma demeure, j'y trouve la table servie, bon gîte et bon feu.

Satisfaction Plaisir.

Ici encore, selon les vues de la Providence, c'est du mal que naît le bien.

Mais il ne faut pas oublier que si l'homme méconnaît les lois de la morale, de l'hygiène et de la raison, ses besoins dégénèrent en appétits grossiers, avilissants, qui, au lieu de stimuler son activité, la paralysent. On connaît, par exemple, les déplorables effets de la luxure, de l'abus des alcools et du tabac.

Besoins factices.

La luxure, l'abus des alcools et du tabac

De même la Science économique a fait justice de ce préjugé qui consiste à dire : *que le luxe enrichit les États.* Assurément elle ne proscrit par le luxe proportionné aux ressources de chacun, lorsque surtout ce luxe tend au développement du beau ou constitue des actes d'une bienfaisance éclairée. Ce qu'elle condamne c'est le

Le luxe pernicieux.

luxe *excessif*, érigé à l'état de système, cherchant le faste pour le faste, parce qu'alors, elle y voit une dépense de forces productives, sans compensation, plus propre à énerver et appauvrir la nation qu'à l'enrichir.

La mise en œuvre de nos facultés pour a satisfaction de nos besoins étant un effort, le progrès consiste à obtenir la plus grande satisfaction possible, au prix de la moindre somme d'efforts possible. — D'où il suit que l'économie politique n'étant en somme que l'analyse des besoins de l'homme et du travail auquel il se livre pour y satisfaire, on pourrait la définir l'étude des modes au moyen desquels l'homme peut arriver à donner à ses besoins la meilleure satisfaction possible.

Un savant économiste anglais[1] l'a définie : la Science de la Richesse des Nations.

Etant admis que la *Richesse* est l'ensemble des créations de l'homme ayant pour objet de donner satisfaction à ses besoins, cette définition comprendrait implicitement l'autre.

---

(1) Adam Smith, auteur d'un ouvrage très remarquable notamment en ce qui concerne la division du travail

Jean-Baptiste Say [1], enfin, le grand maître en économie politique, dit qu'elle est l'exposé des modes suivant lesquels les richesses se forment, se distribuent et se consomment.

J'adopte, quant à moi, comme préférable par sa simplicité, la définition d'Adam Smith, et nous appellerons tout simplement l'économie politique: *La Science de la Richesse des Nations:*

---

(1) Jean-Baptiste Say est l'auteur d'un traité complet de la Science économique, paru sous le premier empire.

TITRE I.

DE LA PRODUCTION.

Lorsque l'homme, appliquant son travail à la matière, lui donne une utilité qu'elle n'avait pas, il crée des richesses et cet acte s'appelle *production*.

I.

Dans le sens exact du mot, l'homme ne crée pas, car la matière, sur laquelle il porte son effort, existait déjà. Il ne peut que la *transformer*, la *transporter* ou la *conserver*; il ne peut que faire tourner à son usage les choses déjà créées par Dieu. En agissant ainsi il produit.

L'oiseau qui vole, le poisson qui nage n'ont aucune utilité pour nous tant qu'ils sont libres. L'homme qui les atteint les rend propres à la satisfaction de nos besoins, et il produit.

Qu'est-ce que produire ?

L'agriculteur lorsqu'il sème et laboure produit ; il produit encore lorsqu'il moissonne.

Le marchand aussi, lorsqu'il va chercher au-delà des mers l'indigo, le café, l'acajou, produit en ajoutant par le transport à l'utilité préexistante.

II.

En combien de classes se divisent les productions

La production varie à l'infini. Toutes les opérations cependant peuvent se diviser en quatre grandes classes que nous appellerons :

Industrie agricole

1° *L'industrie agricole*, qui consiste à féconder la terre pour en tirer le meilleur produit possible.

Industrie extractive

2° *L'industrie extractive*, qui consiste à tirer du sein de la nature les objets qui s'y trouvent et peuvent servir à la satisfaction de nos besoins. La pêche, la chasse, la *cueillette*, le travail des mines, etc., rentrent dans cette catégorie.

Industrie manufacturière.

3° *L'industrie manufacturière*, qui consiste à façonner, diviser ou mélanger les produits de la nature pour les approprier à nos besoins. C'est elle qui, du *minerai* tiré des entrailles de la terre, fait du fer et de l'acier, qui fait un châle ou un tapis de la laine des brebis, qui transforme en épingles une barre de cuivre et change en glaces et en cristaux le sable des landes et la soude des plantes marines. C'est à cette sorte d'industrie qu'appartiennent les filatures, les tissages, les hauts-fourneaux, les constructions de machines, tous ces établissements enfin qui se rencontrent si nombreux dans les pays producteurs et présentent de si prodigieux exemples de ce que peuvent l'intelligence et l'activité humaines.

4° Enfin *l'industrie commerciale*, qui a pour but de rapprocher du consommateur les objets naturels ou manufacturés. La valeur ou l'augmentation de valeur qu'elle leur donne vient de ce qu'elle les transporte là où ils manquent.

Industrie commerciale.

Nous portons aux Antilles du vin, des meubles, des tissus, et les Antilles nous envoient en échange du sucre et du café : opérations commerciales. Font œuvre de commerce tous ceux qui vont au-delà des mers chercher le thé, l'indigo, les épices, comme tous ceux qui les mettent en détail, dans leurs boutiques, à la portée des consommateurs.

III.

A toutes ces productions si diverses trois éléments concourent : 1° ce qui a été créé par Dieu : la matière ; 2° ce que nous avons créé nous-mêmes : l'outil ou la matière déjà extraite

Quels éléments concourent aux productions.

du sein de la nature ; 3º la main de l'homme, son effort corporel.

En langage scientifique on appelle ces trois éléments : 1º *Agents naturels*, 2º *capital*, et 3º *travail*. Nous allons les analyser.

CHAPITRE Ier.

AGENTS NATURELS.

A l'expression : *agents naturels,* adoptée par les auteurs, nous eussions préféré le mot *nature,* à la fois plus simple et plus grand. Et on le comprendra aisément, lorsque nous aurons montré ce qu'il faut entendre par agents naturels.

Que faut il entendre par agents naturels.

Ils comprennent :

La terre cultivable, les minerais, les carrières, les animaux et les végétaux ; tout ce qui compose, enfin, les trois règnes de la nature.

Ils comprennent encore :

L'eau, le feu, le vent, l'électricité, l'aimant, la gravitation......, tous les éléments et toutes les forces, en un mot, qui composent le monde terrestre, ce magnifique domaine au milieu duquel le Créateur a placé l'homme en lui donnant le pouvoir d'en faire tourner les lois et les productions à son usage.

Ne comprennent-ils pas en entier le monde terrestre?

N'est-ce pas là ce qu'on est convenu d'appeler *la nature,* que les anciens représentaient sous un emblême divin : *Pan,* qui veut dire *tout.*

Disons-le hautement et avec orgueil, c'est bien notre univers tout entier que Dieu a soumis à l'action de l'homme, et, à cela, il n'a mis qu'une condition : c'est que chaque conquête que ferait l'homme sur la création serait le prix de la mise en œuvre de ses facultés, traduite par un effort qui s'appelle *travail.*

Travail et richesse, toute l'économie politique est dans ces deux mots.

De même que substituer à ses propres forces celles de la nature, est, pour ainsi dire, toute la destinée humaine.

C'est en accomplissement des vues de la Providence, que l'homme dompte le cheval, l'âne, le chameau, l'éléphant, dont il substitue l'effort à son propre effort, qu'il utilise la force du vent, le poids de l'eau.

Mais c'est surtout dans la découverte et l'emploi des forces mystérieuses de la nature, que se révèlent le génie de l'homme et le secret de sa destinée.

L'électricité est une puissance mystérieuse d'une soudaineté inexprimable. A force de recherches, l'homme la soumet à divers usages et il en fait un agent de correspondance *instan-tanée*, à des distances prodigieuses. — Il fait de l'élasticité de la vapeur un moyen de locomotion.

Ce sera l'honneur du XIX° siècle, marquant un progrès considérable sur ceux qui l'ont précédé, d'avoir mis en usage le chemin de fer et la télégraphie électrique; et déjà il est question de remplacer le télégraphe par le téléphone.

Nous verrons, en traitant des machines, à quel point peut progresser l'empire de l'homme sur la nature.

Pour le moment, en présence de si grandes merveilles déjà accomplies sous nos yeux, contentons-nous d'en conclure que Dieu a voulu ouvrir à l'activité humaine un champ d'exploitation sans limites.

CHAPITRE II.

CAPITAL.

Il faut entendre par capital les richesses accumulées pouvant servir de matières premières ou d'instrument à la production future.

Le capital, pour l'agriculteur, ce sont les animaux, les instruments, les récoltes, les bâtiments, les engrais, etc., etc.

De quoi se compose le capital ? Pour le manufacturier, les matières premières la soie, la laine, le coton, le minerai, les constructions, les machines, etc.

Pour le commerçant, les marchandises qu'il a dans ses magasins, dans les entrepôts, voire même sur les routes et sur les mers, etc., etc.

Pour tous, une certaine somme de numéraire ou de valeurs en portefeuille.

II.

Une erreur assez commune consiste à croire que la *monnaie* forme le capital des sociétés. Semblable à l'huile qui facilite les mouvements d'une machine, la monnaie ne fait que faciliter le jeu des rouages de l'industrie humaine. Cela est si vrai que dans une certaine mesure on peut la remplacer par le papier, les billets, ce que l'on appelle la *monnaie fiduciaire*.

Nous lui consacrerons bientôt un titre spécial.

Ce qu'il importe de bien retenir, c'est qu'elle n'entre que pour une très faible part dans le capital des nations. Le célèbre Adam Smith a calculé que le numéraire de l'Angleterre n'est que la cent vingt-septième partie de son capital. Et, en effet, les agriculteurs, les manufacturiers, les commerçants, si riches qu'ils puissent être, n'ont généralement qu'une faible quantité de monnaie. Ce qui en fait d'opulents capitalistes, c'est la quantité de chevaux, de navires, de machines à vapeur, de denrées, de récoltes, de marchandises de toute nature qu'ils peuvent posséder. Quant à la monnaie, elle ne compte que pour un chiffre bien minime dans leur fortune.

Les choses qu'un homme industrieux doit posséder pour que son travail soit fécond, sont :

1° Les matières premières ; souvent la nature les lui donne gratuitement, mais le plus souvent elles ont déjà été créées par l'industrie. Telle est la semence elle-même, qui vient d'une culture antérieure, et le bois, et les métaux, produits eux-mêmes de l'industrie que nous avons appelée extractive ;

2° Il doit avoir en second lieu des outils, des instruments ; pour le laboureur sa charrue ; pour le charpentier, la hache et le rabot ; pour le pêcheur, sa barque et ses filets, etc. ;

3° Il faut des vivres et un abri, tout ce qui est nécessaire à l'entretien de cette partie de son existence employée à une production dont il ne recueillera qu'ultérieurement l'avantage. C'est là une avance que chaque travailleur est obligé de faire.

4° Enfin, notons aussi que l'homme trouve dans ses aptitudes ou dans les talents qu'il acquiert une source féconde de richesses, un véritable capital. Il va de soi qu'entre deux personnes ayant la même somme de biens, celle qui a le plus de talents est la plus riche.

« L'adresse perfectionnée d'un ouvrier, dit Adam Smith, peut être considérée sous le même aspect qu'une machine ou un instrument facilitant et abrégeant le travail. »

L'instruction et l'habileté dans un art quelconque rendent avec profit les frais qu'ils ont coûtés.

Ces choses composent le capital productif.

Empressons-nous d'ajouter que si le travail est impuissant sans le capital, le capital est plus impuissant encore sans le travail. Que pourrait, en effet, la bêche sans le bras de l'homme?

Puisque, donc, ils ne peuvent rien l'un sans l'autre, leur condition est de se rechercher toujours. Placés dans une dépendance réciproque, ils cherchent constamment à s'associer.

Voyons quelles sont les principales conditions de cette alliance.

1° Le Capital est aux mains de celui qui veut le mettre en œuvre. En ce cas rien de plus simple.

Le porteur d'eau qui possède un tonneau et quelques seaux va tous les jours chercher de l'eau à la source et la distribue. Capital et travail se trouvant alliés entre ses mains, les choses se passent avec une extrême simplicité.

Mais ces combinaisons sont assez rares : dès qu'un détenteur de capitaux en possède plus qu'il

Trop de capital ou pas assez appel réciproque n'en peut faire valoir, il fait appel au travail d'autrui et réciproquement.

Trois combinaisons. Trois combinaisons principales se peuvent alors présenter :

1° Entreprise d'industrie. 1° Le possesseur de capitaux peut se faire entrepreneur d'industrie et appeler à lui des hommes qui, moyennant salaire, lui prêtent le concours de leur travail.

2° Ou prêt. 2° Ou bien il prête ce capital à un entrepreneur qui le fait valoir à ses risques et périls, en payant pour les services du capital une *prime* qui s'appelle *intérêts* de la somme prêtée.

3° Ou en association eu commandite. 3° Ou encore il s'intéresse à une industrie en y versant ses capitaux et en s'associant ainsi aux chances de bénéfices ou de pertes.

C'est toujours associer travail et capital. *Dans ces divers cas, il ne fait autre chose qu'associer son capital au travail d'autrui, ces deux éléments placés dans des mains différentes, se sont réunis pour fonctionner concurremment.*

Ce que nous devons constater seulement ici, *Plus de capital, plus de travail* c'est que plus il y aura de capitaux, plus il y aura de travail sollicité et plus grand, par conséquent, sera le bien-être général.

Une nation pauvre de capitaux à peu d'entreprises En effet, une nation pauvre en capitaux connaît peu l'esprit d'entreprise. Là, au contraire, où le capital est abondant, les entreprises sont nom-

breuses, les produits sont relativement à bas prix
et les salaires sont élevés.

III.

Le capital ainsi défini, maintenant que l'on sait
qu'il se compose de toutes les matières, instruments, procédés accumulés depuis l'origine du
monde pour un nouveau travail, on comprend le
rôle immense qu'il remplit dans la production.

Disons-le de suite, il est l'auxiliaire indispensable du travail.

En effet, à l'ouvrier de la terre il faut au
moins une bêche ; au forgeron une enclume et un
marteau ; au sauvage même, un abri, un arc et des
flèches, toutes choses qui constituent un capital.

On ne peut davantage comprendre l'agriculture sans les chevaux, les bœufs, les charrues,
les grains confiés à la terre ; ni l'industrie manufacturière, sans les machines et sans les matières
premières ; ni le commerce, sans les navires, les
canaux, les routes, les voitures.

Tout cela c'est le capital, l'élément de production indispensable entre la main de l'homme et
la matière, l'auxiliaire sans lequel le travail demeure comme frappé d'une impuissance absolue.

Proudhon[1], cependant, a cru trouver la preuve que l'on peut se passer du capital dans ce fait que des tailleurs d'habits s'étant réunis en association avaient travaillé pour leur propre compte sans le secours d'aucun patron. Il en conclut que le capital est détrôné et que l'axiome économique est à néant.

Voyons, ces tailleurs ont-ils pu se passer d'aiguilles, de fil, de ciseaux, d'un établi même, et d'un atelier?

Qu'est-ce que tout cela, sinon du capital. Ils ont dû vivre pendant qu'ils travaillaient, avant de réaliser la valeur qu'ils ont créée. Là encore, il leur a fallu de la nourriture, du numéraire. Il leur a même fallu du drap.

Seulement au lieu de demander toutes ces matières à un patron, ils les ont fournies eux-mêmes, sur leurs économies antérieures, et ils ont bien fait. Ils sont en cela louables comme tout ouvrier qui amasse assez d'épargnes pour devenir patron à son tour. Mais en quoi cela importe-t-il à la vérité économique que le travail ne peut se passer du capital?

Ils ont opéré sur leurs propres capitaux au lieu d'opérer sur ceux des autres. Voilà tout.

---

(1) Proudhon fut un économiste de l'école dite socialiste, d'une grande verve et d'une grande fécondité.

Seulement les économies de chacun d'eux n'étant pas assez fortes, ils les ont réunies. C'est même, à bien des égards, la preuve que c'est par l'épargne, c'est à dire par la formation du capital, que les ouvriers peuvent améliorer leur condition.

Mais à cette amélioration le capital est nécessaire, indispensable.

IV.

En présence de vérités si simples, comment comprendre des théories qui voudraient soustraire le travail à l'influence du capital?

Pour être logique dans cet ordre d'idées, il faudrait détruire tout ce qu'a touché la main de l'homme ; la charrue du laboureur, la hache du bûcheron, la barque et les filets du pêcheur, les maisons et les vivres amassés, — là est le seul moyen de soustraire le travail à l'influence du capital.

Mais ce n'est pas ainsi que l'entendent les réformateurs. Pénétrons jusqu'au fond de leur pensée. Ce qu'ils veulent. ce n'est pas détruire ces choses si indispensables à l'humanité, la charrue, la hache, les maisons et les vivres, c'est faire simplement qu'elles n'appartiennent à personne et qu'elles soient à tout le monde. .

C'est, en un mot, en supprimant le droit les posséder exclusivement, le *droit de propriété*, qu'ils prétendent soustraire le travail à l'influence du capital.

A vrai dire et matériellement parlant, ce n'est plus détruire le capital, c'est seulement empêcher qu'il ne se forme.

V.

L'homme, en effet, est doué de facultés dont il peut, à son gré, faire ou ne pas faire usage. Je le suppose, bien entendu, libre, maître de lui-même, l'état d'esclavage ayant, heureusement, de nos jours, à peu près disparu de la surface du monde.

Si donc il fait usage de ces facultés et que de son effort naisse un résultat, comment comprendre que ce produit ne lui appartiendra pas? J'aurai créé un abri, amassé des vivres, dompté un cheval, fabriqué un outil et ils ne m'appartiendront pas? Mais alors je me garderai bien de me donner la peine nécessaire pour bâtir une maison, récolter des grains et fabriquer des instruments, puisque je n'en aurai pas la libre disposition. Pourquoi travaillerais-je, si je ne dois pas recueillir le fruit de ma peine?

Le travail ne se comprend pas sans une contrainte, ou sans le droit aux résultats produits.

VI.

Dans les systèmes qui suppriment le droit aux fruits du travail, l'État me forcerait de travailler et me nourrirait en échange. C'est donc lui, en ce cas, qui serait propriétaire de ma personne, de mes facultés, de leur emploi, de leur produit. Mais alors, c'est la *servitude*, car être ou n'être pas libre, c'est avoir ou n'avoir point la propriété de soi-même, de ses forces, de leur emploi, du résultat obtenu.

La négation de la propriété et celle de la liberté sont inséparables. (C'est là une vérité de sens commun). *La suppression du droit de propriété conduit inévitablement à la servitude.*

VII.

Liberté, propriété, industrie, richesses, tous ces termes se lient comme les anneaux d'une chaîne, dont les deux premiers sont forcément *liberté* et *propriété*.

A défaut de l'évidence du raisonnement, n'y aurait-il pas celle des faits ?

C'est dans les pays les plus libres, aux États-Unis, en Suisse, en Angleterre et en France, que la propriété est la plus respectée. C'est dans ces contrées aussi que l'industrie et les richesses ont leurs plus grands développements, parce qu'on y trouve à la fois le plus libre emploi de ses facultés et le plus de garanties pour la possession de ce qu'on a librement amassé par le travail et l'épargne.

Contrées asservies

Dans la plupart des contrées de l'Orient, au contraire, comme dans toutes celles où la liberté de l'individu et la propriété sont mal protégées, l'industrie est presque inconnue et les masses sont misérables.

Défaut de sécurité dans la propriété

Manquant de sécurité pour la jouissance du fruit de leurs efforts, elles ne, peuvent avoir ni l'amour du travail ni celui de l'épargne.

VIII.

De l'epargne

Sans l'épargne, le travail lui-même, si énergique qu'il soit, ne suffit pas pour le développement de la richesse.

Exemple : Un artisan, un menuisier intelligent et actif réalise par mois, tous frais faits, un bénéfice net de cent francs.

Effets du travail sans l'epargne

Qu'il les dépense en choses d'agrément, il aura joui, mais sa fortune n'aura point changé. S'il en fait usage, au contraire, soit pour étendre ses opérations, soit pour concourir à l'établissement de chemins de fer, à l'exploitation des mines ou à toute autre entreprise industrielle, on peut dire alors que le capital productif de a société, comme celui de l'individu, se sont augmentés.

En agissant ainsi, il aura en même temps augmenté sa fortune et apporté au fonds commun un nouvel élément de richesse.

Le travail et l'épargne sont les sources de la prospérité des États comme de celle des individus.

Épargne et travail.

IX.

La nature des besoins afférents à chaque contrée, sa position géographique et le caractère de ses habitants, déterminent la forme sous laquelle s'amassent ses capitaux. Chez une nation agricole les fruits de l'épargne se transforment en constructions, en instruments aratoires, en bestiaux, en engrais....... Chez une nation manufacturière ce sont les machines et les matières premières.

Le génie propre à chaque nation ne détermine-t-il pas la forme sous laquelle s'amassent les capitaux?

Ce sont les denrées et les marchandises de toute nature chez un peuple commerçant.

Ce que l'on voit, dès à présent, c'est qu'un peuple s'avance d'autant plus dans les voies de la prospérité qu'il a plus de capitaux épargnés et employés *d'une manière reproductive.*

Emploi reproductif du capital.

Tout peuple, au contraire, où l'esprit d'épargne est inconnu est, ou encore éloigné du bien-être de la civilisation, ou en décadence.

X.

Les relations de tous les voyageurs, en effet, nous montrent que les sauvages ont autant d'aversion pour l'épargne que pour le travail.

Nous savons, d'un autre côté, quelle a été la prodigalité des derniers temps de l'Empire romain comme de toutes les nations arrivées à leur déclin.

Il n'y a pas d'esprit d'épargne non plus chez le marin, chez le soldat en campagne, chez celui qui est exposé aux effets meurtriers d'un climat insalubre, parce qu'ils n'ont que peu ou point d'espoir de profiter de la contrainte qu'ils s'imposeraient. L'homme, alors, n'a plus cette puissance sur lui-même et cette grandeur que lui donnent les pensées d'avenir.

C'est donc plus par la quantité de capital employé à une production nouvelle que par l'état réel des richesses qu'il faut juger de la prospérité d'une nation.

Le peuple qui, ayant des richesses, les consomme d'une manière improductive, est en voie de décadence. Celui qui les emploie à une production nouvelle est en progrès.

Epargne.

Progrès.

XI.

Adam Smith appelle l'homme qui augmente son capital *productif* un bienfaiteur de l'humanité. Et, en effet, dit-il, à l'accroissement de ses opérations correspond une nouvelle demande de travail qui augmente la hausse des salaires.

Augmentation des capitaux, hausse des salaires ; l'effet est inévitable.

De la hausse
et de la baisse
des salaires.

Que les opérations se restreignent, au contraire, que les capitaux soient rares ou s'effraient, il n'y a point de demande du travail et les salaires baissent.

Diminution des capitaux, baisse des salaires.

Ce sont là plus que des vérités théoriques, ce sont des faits réels. C'est l'application de la célèbre loi de l'offre et de la demande qui régit d'une manière souveraine les transactions humaines

On demande des marchandises ou du travail, leurs prix s'élèveront d'autant plus que les demandes seront nombreuses et pressantes, relativement à l'offre.

Loi
des transactions.

—

De l'offre
et
de la demande.

Ce sont, au contraire, les marchandises et le travail qui s'offrent, leurs prix s'abaisseront d'autant plus qu'il y aura plus d'offres relativement aux demandes.

Si donc au lieu de dix capitalistes il en vient cent, deux cents, cinq cents, la condition de toute la contrée sera d'autant plus améliorée que les travailleurs y trouveront plus d'ouvrage et à meilleur prix.

XII.

Le bien de l'un est-il le mal de l'autre?

Ceux-là commettent une déplorable erreur, qui croient que la richesse est une masse fixe dans laquelle l'un ne peut prendre sans diminuer la part de l'autre. Ce qui serait vrai. alors, c'est que nul ne pourrait s'enrichir sans dépouiller son prochain, que le bien de l'un serait le mal de l'autre.

Prêter à la Providence de semblables desseins, c'est l'offenser et se condamner à un sentiment d'injuste et basse envie.

Ou bien la prospérité de l'un est-elle pour l'autre une source de bien-être?

Ce qu'elle a voulu, c'est que par le travail et l'épargne l'humanité puisse arriver à un état de richesses sans limites : c'est que la prospérité de l'un puisse être toujours pour l'autre une source de bien-être.

De même, en effet, que le voisinage d'une

ville industrieuse et opulente enrichit les campagnes qui l'entourent, de même le développement d'une situation prospère assure toujours au travail une plus large rémunération.

Tout est logique et harmonique dans les intérêts humains ; c'est de leur accord et non de leur antagonisme que naît le bien-être (comme l'a dit avec tant de raison Bastiat, ce véritable et chaleureux ami des classes ouvrières) ; il y a devoir de le reconnaître et de le proclamer pour tout homme qui voit et qui pense et qui a réellement l'amour de son prochain.

Le bien-être naît-il de l'accord des intérêts humains ou de leur antagonisme.

Le capital, enfin, a sa racine dans ces trois attributs qui font de l'homme un être supérieur au reste de la création :

Quels sont les trois attributs qui font de l'homme un être supérieur au reste de la création ?

1° *L'Intelligence*, qui lui permet d'observer, d'analyser et de classer les lois de la création, avec la faculté de transmettre de génération en génération, à l'aide de la parole et de l'écrit, ce qui constitue le savoir, les données acquises ;

2° *La Prévoyance*, au moyen de laquelle exerçant un noble empire sur lui-même et ses appétits, il se rend compte qu'en sacrifiant une partie des jouissances que lui offre le présent, il s'en prépare de considérables pour l'avenir ;

3° *L'esprit de famille*, ce solide soutien de l'énergie humaine, qui tous les jours accomplit sous nos yeux des merveilles. De quoi chacun de nous, en effet, ne se sent-il pas capable dans l'intérêt des êtres chéris qui l'entourent.

Capitaliser, c'est préparer le necessaire d'abord dans l'ordre matériel, puis l'instruction, l'indépendance, la dignité aux générations futures.

Sans crainte de se tromper, on peut toujours affirmer que le peuple qui capitalise met en pratique les vertus sociales et les convertit en habitudes.

XIII.

Nous avons démontré que le travail ne peut rien sans le capital. Non moins évidemment le capital ne peut rien sans le travail. C'est de leur union seule que peut naître la production.

CHAPITRE III

TRAVAIL.

Nous avons défini le travail la série des actes par lesquels l'homme approprie à ses besoins les objets qui l'environnent.

De suite ajoutons que le travail étant un effort, le but vers lequel doit tendre incessamment l'humanité, est d'obtenir le plus possible au prix de la moindre somme d'efforts possible.

Produire plus, plus vite et à meilleur marché, telle doit être la formule de tout progrès économique.

A cela deux moyens concourent : 1° l'emploi des machines ; 2° la division du travail. On peut dire d'eux qu'ils sont les modes essentiels du progrès dans le travail humain.

Commençons par l'étude des machines.

SECTION I.

DES MACHINES.

I.

Comment définir les machines. On peut définir les machines des appareils créés par l'homme en vue d'augmenter la portée de ses organes en ajoutant à ses propres forces une plus ou moins grande somme de forces naturelles.

Qui est-ce qui constitue le progrès dans les machines ? Ajoutons que dans cette augmentation de puissance, la machine marquera d'autant plus un progrès que le travail humain sera plus diminué eu égard au résultat à obtenir.

Quels sont les instruments imaginés par l'homme à l'état primitif A l'état primitif l'homme invente l'arc et la flèche à l'aide de laquelle il atteindra les animaux que leur vitesse met hors de sa portée. C'est déjà une force redoutable ajoutée à ses propres forces que celle de l'arc et de sa flèche.

Il imagine les filets pour la pêche et il peut dès lors s'emparer à la fois d'un plus ou moins grand nombre de poissons.

Au dire des voyageurs, les Peaux-Rouges se servent encore de petits bâtons à l'aide desquels ils grattent la terre pour y déposer les graines dont le produit servira à leur subsistance. C'est l'état primitif;—au petit bâton l'homme substitue la bêche à l'aide de laquelle il fera dix fois plus d'ouvrage et de meilleure besogne qu'avec le bâton.

A la bêche, encore, il substitue la charrue au moyen de laquelle un seul homme conduisant le bœuf ou le cheval qui la traîne, fera sans peine plus d'ouvrage que ne pourraient en faire dix hommes maniant courageusement et péniblement la bêche.

Pourquoi substitue-t il a la bêche la charrue?

Avant l'invention de la meule, nous l'avons déjà dit, l'homme broyait le grain entre deux cailloux et il en faisait une bouillie. L'invention de la meule a été un grand progrès, et pourtant la peine de celui qui la tournait était encore bien dure. On y employait les condamnés et les esclaves, et on comptait, en ce temps, qu'un individu pouvait, dans sa journée, moudre du grain pour vingt-cinq autres.

Quelle a été la gradation dans le mode d'écrasement du grain d'où naît le pain.

A ce compte il faudrait toute une armée pour fournir la farine nécessaire à la seule alimentation de Paris.

Dans l'établissement de Saint-Maur, près de Paris, quarante meules surveillées par 20 ouvriers peuvent, chaque jour, réduire en farine 800 hectolitres de blé, de quoi alimenter 80,000 personnes ; le travail d'un homme suffit donc pour l'alimentation de 4,000 personnes ; — en tournant la meule, un ouvrier pouvait à peine pourvoir à la nourriture de 25 individus, le rapport, par conquent, qui était autrefois de 1 à 25 est aujourd'hui de 1 à 4,000.

Supputez maintenant la différence de condition entre des ouvriers travaillant dans nos moulins perfectionnés et celle des individus qui tournaient la meule. Ajoutez-y la différence qui existe entre le pain que nous mangeons et la galette ou le brouet noir que mangeaient même les rois d'alors, et vous aurez l'idée du résultat que peuvent obtenir les machines,

Un assez grand nombre d'entre nous se souviennent encore du temps où le lin se filait à la main. Dans les filatures actuelles, qui ne remontent guère à plus de 40 ans, une seule personne peut suffire à soigner 120 broches produisant autant qu'autrefois 240 fileuses.

Le résultat de pareils perfectionnements est tout naturellement de diminuer dans une proportion considérable les frais de production et de mettre ainsi les produits à la portée d'un plus grand nombre de consommateurs.

Mais il y a plus, et l'expérience nous montre

que plus le procédé est améliorateur, plus il augmente à ce point la consommation, que presque toujours le nombre de bras employés dans l'industrie à laquelle il s'applique s'en trouve également augmenté.

Prenons parmi les inventions les plus modernes les deux exemples les plus saisissants : l'imprimerie et le travail du coton.

Au début des filatures de coton le nombre des ouvriers employés à travailler cette matière était de quelques milliers. — Les procédés se sont améliorés, les machines se sont substituées au travail humain et c'est par millions que se comptent aujourd'hui les ouvriers employés au travail du coton.

Pour l'imprimerie, les individus employés autrefois à la diffusion des œuvres de l'intelligence portaient le nom de copistes. Après l'invention de l'imprimerie il arriva qu'un seul ouvrier imprimeur faisait autant d'ouvrage que 200 copistes; d'où on pourrait induire que l'imprimerie a privé d'ouvrage 199 ouvriers sur 200. Eh bien, la vérité, c'est que le nombre des individus employés à la diffusion des œuvres de l'esprit a augmenté dans des proportions colossales.

Graveurs de poinçons, fondeurs de caractères, compositeurs, protes, correcteurs relieurs,

La machine, en diminuant les bras de production, ne provoque t-elle pas un accroissement de consommation ?

imprimeurs, libraires, etc., tous ces agents dépassent ce que fut et eût été jamais le nombre des copistes, dans une mesure que je n'ose numérer. — Pourquoi ? parce que la machine réduisant les frais de production, la baisse du prix provoque un accroissement de consommation proportionné et même supérieur à la réduction des frais de production, et cependant on a fait aussi le procès des machines comme celui du capital.

La guerre aux machines.

Que faut il en penser ?

La guerre aux machines paraît abandonnée comme on abandonnera, nous le croyons, la guerre au capital. —Maudire les machines, c'est maudire l'esprit humain, maudire la lumière, — les progrès des machines correspondent à ceux des sociétés.

II.

Contrées où les machines sont à l'état primitif

Dans toutes les contrées, en effet, où les instruments sont encore à l'état primitif, on voit les masses écrasées par le travail corporel vivre dans un état voisin de l'abrutissement. Telles sont les populations de la Chine et de l'Inde.

Contrées les machines sont perfectionnées.

Dans tous les pays, au contraire, où l'emploi des machines perfectionnées s'est établi. l'effet étant l'abondance et le bas prix des produits, on voit les masses participer à un bien-être auquel correspond leur développement intellectuel. C'est à ce point que l'on peut, d'une manière à peu près exacte, mesurer la puissance et l'état intellectuel d'une nation, d'après la perfection et l'abondance de son outillage mécanique.

En diminuant la somme d'efforts corporels et en mettant à la portée des masses une plus grande somme de produits, l'emploi des machines permet la culture intellectuelle.

C'est ainsi que les procédés perfectionnés sont des instruments efficaces de civilisation.

SECTION II.

DIVISION DU TRAVAIL.

I.

l'homme est né pour vivre en société

« L'union fait la force » dit-on vulgairement. Rien n'est plus exact, et, en effet, autant l'homme est faible à l'état d'isolement, autant il trouve de puissance dans la combinaison intelligente de son effort avec ceux de ses semblables.

Florian, dans sa belle fable : *l'Aveugle et le Paralytique*, en donne un exemple touchant :

> Écoutez (dit l'aveugle au paralytique), à nous deux
> Nous possédons le bien à chacun nécessaire ;
>   J'ai des jambes et vous des yeux.
> Moi, je vais vous porter; vous, vous serez mon guide;
> Vos yeux dirigeront mes pas mal assurés ;
> Mes jambes, à leur tour, iront ou vous voudrez.
> Ainsi, sans que jamais notre amitié décide
> Qui, de nous deux, remplit le plus utile emploi,
> Je marcherai pour vous, vous y verrez pour moi.

Cette vérité a été reconnue de tout temps, et à l'ombre même de la forêt primitive, on voit le père utilisant la force de ses fils, tandis que les femmes et les filles vaquent aux soins du ménage.

Alors même que les hommes ne vivent que de chasse et de pêche, tous ne sont pas également chasseurs et pêcheurs. Les uns fabriquent des armes et des filets, les autres cherchent des fruits ou des simples, tandis que les plus forts et les plus hardis luttent contre les animaux et les éléments.

Partage des occupations.

La division du travail, en un mot, est plus qu'un avantage, elle est une nécessité pour la vie humaine.

II.

Nécessaires à toutes les époques de la vie sociale, la mutualité des services et la diversité des occupations augmentent à mesure que la civilisation grandit.

Mutualité des services.

Pour nous en rendre compte, prenons encore un exemple : la création de l'humble morceau de pain que chacun de nous consomme chaque jour.

Rien n'est plus difficile à énumérer, d'abord, que la quantité des forces collectives qui ont dû contribuer à la production du grain de blé par le cultivateur. Pour la formation de son mobilier

Collection des industries qui concourent à la création du pain

aratoire il a fallu du fer, du bois, du cuir, des cordes, que sais-je?....; toutes les industries sylvicoles, métallurgiques, textiles, constructives, etc., etc., y ont concouru.

A l'aide de cet outillage le cultivateur a labouré, hersé, ensemencé, et la semence levée il a dû, par le sarclage, la défendre contre l'invasion des herbes parasites promptes à prendre le dessus.

Le grain formé, il a fallu le récolter et l'extraire de l'épi. De la grange du fermier il a été transporté dans les magasins du commerçant, de là chez le meunier, du moulin chez le boulanger.

Récapitulons par la pensée toutes les forces qui ont été mises à contribution pour la production du blé, les transports dont il a été l'objet, son écrasement et enfin sa transformation en ce que nous appelons le pain, et dans un si merveilleux agencement nous aurons la preuve d'une admirable solidarité.

Imaginez de même ce qu'il a fallu de forces collectives pour la production du plus humble des vêtements, celui d'un gilet de laine par exemple : les agents directs ont été au moins le fermier éleveur du troupeau et le berger qui veille sur l'animal dont la toison fournit ce qu'on appelle la matière première, puis sont venues les opérations du peignage, de la teinture, de la filature, du tissage, ajoutez-y les transports et l'intervention, enfin, du commerçant, pour que cet objet ait été mis dans une boutique ou magasin à la portée du consommateur, et vous aurez une faible idée de toutes les forces qui ont concouru à cette production.

III.

L'art dans la division du travail

De même que l'emploi des machines, la division du travail a pour objet de produire plus, plus vite et à meilleur marché. De nos jours, l'art dans le partage des opérations est arrivé à d'étonnants résultats.

Fabrication des épingles.

Ce que l'on cite comme particulièrement remarquable, c'est la fabrication de cet humble objet que l'on appelle une épingle. Lorsque déjà le métal tiré des mines, le cuivre, est disposé dans l'atelier en proportions voulues, on voit dix ouvriers concourir à la formation de chaque épingle ; chacun d'eux faisant une opération distincte. Rien ne peut donner une idée de la rapidité avec laquelle s'accomplit l'opération totale, si ce n'est le résultat. Ensemble ils en font 50,000 par jour, 5,000 par tête. Chacun d'eux en ferait peut-être 100, s'il devait fabriquer seul l'épingle en son entier.

IV.

Adam Smith, auquel on doit la plus belle analyse qui ait été faite de la division du travail, a rattaché ses avantages à trois causes principales :

La première est que les mouvements du corps acquièrent plus d'adresse et de rapidité dans un genre d'opérations toujours renouvelé.

La deuxième est que l'on gagne beaucoup de temps en évitant de passer d'un lieu dans un autre, et de changer de position et d'outils.

La troisième est, enfin, que les connaissances spéciales arrivent à une plus grande hauteur quand ce sont des hommes différents qui appliquent leurs facultés à chacune d'elles.

Ces faits n'ont pas besoin de démonstration. Ils expliquent pourquoi nous avons des tailleurs, des cordonniers, des meuniers, des boulangers, des horlogers, en un mot, tant de professions distinctes. Celui qui voudrait faire lui-même ses habits, ses souliers, son pain et fabriquer sa montre, passerait sa vie en apprentissage et aurait bien peu de chance d'avoir des habits bien faits, une chaussure solide, de bon pain, une montre bien réglée.

De même si l'un étudie spécialement l'histoire,

l'autre la chimie, celui-ci le droit, celui-là la médecine, il est évident que chacun conduira la science dont il s'occupe à un plus haut degré que s'il avait voulu les embrasser toutes.

V.

C'est donc dans l'intérêt de tous et au plus grand avantage de la *production* qu'il y a dans la société des professions si diverses.

Impuissants dans l'isolement, les hommes doivent de toute nécessité échanger des services. De cet échange naît le bien être général, lequel sera d'autant plus grand que la participation de chacun à l'œuvre commune sera mieux entendue et plus profitable.

La division du travail, c'est la coopération à l'effort commun. Qu'elle s'applique avec ordre et intelligence dans une famille, dans une exploitation quelconque, dans une nation, dans la société tout entière, et partout elle aura le même effet, l'allègement de la peine et l'accroissement de la prospérité.

Déjà, en expliquant la formation du capital, l'économie sociale a montré que l'homme ne peut améliorer son sort sans la modération dans ses désirs, sans l'épargne. C'est encore, avec la plus pure morale, qu'elle recommande l'accord dans le travail, la mutualité des services, la solidarité, la fraternité enfin, comme essentiels au développement de la civilisation et de la prospérité humaine.

Et cependant on a fait aussi la critique de cet arrangement de l'effort industriel, et des humataires l'ont accusé d'être un obstacle au développement normal des facultés de l'ouvrier qu'il ramène sans cesse à une seule et même occupation.

Assurément, l'homme qui accomplit tous les jours la même besogne, acquiert moins d'habileté dans les différents exercices du corps, que celui qui est par son occupation appelé à une sorte de gymnastique variée.

Mais aussi, comme en toutes choses, que d'avantages consistant en l'habileté, d'abord, que l'ouvrier acquiert dans l'accomplissement de son œuvre et, surtout, dans l'état de civilisation qu'accuse une division du travail perfectionnée, civilisation qui, mettant l'instruction à la portée de tous, permet la culture de l'intelligence et l'élévation du niveau moral.

CHAPITRE IV.

DU COMMERCE.

Avant d'en terminer avec la production disons un seul mot du commerce proprement dit.

Quelques auteurs ont contesté au commerce la faculté de produire. — J.-B. Say a fait justice de cette exclusion dans un passage qui peut à peu près se traduire ainsi :

Le commerce est-il un moyen de production?

L'industrie commerciale concourt à la production comme l'industrie manufacturière en augmentant la valeur du produit par son transport d'un lieu dans un autre. Ainsi : un quintal de café vaut plus dans un magasin de l'Europe qu'au Brésil. C'est une façon que le négociant donne aux marchandises que de les rapprocher du consommateur. C'est encore une façon que leur donne l'épicier, lorsque dans une boutique toujours

Comment produit le consommateur.

ouverte, armé de balances il la met par petites fractions à la portée de chacun suivant ses besoins.

Il y a le commerce en gros et le commerce en détail, le commerce extérieur et le commerce intérieur.

Suppression des produits de l'étranger.

Il est difficile pour ceux qui n'y ont pas mûrement réfléchi, d'imaginer quelle immense réduction de jouissances éprouverait une société tant soit peu civilisée, si elle se trouvait tout à coup dénuée de toutes les choses que son sol ne peut produire.

Quel en serait l'effet ?

Pour ne parler que de la France, d'ailleurs si favorisée, — réduite à ses seules productions indigènes, elle verrait exclus de son alimentation le thé, le café, le cacao, le poivre, la cannelle, que sais-je, et exclues aussi des matières sur lesquelles s'exerce son habileté, l'or, l'argent, l'ivoire, l'acajou, l'ébène, etc.

Nous y reviendrons en traitant des débouchés.

TITRE II

DE LA MONNAIE.

I.

La vie sociale n'étant, en réalité, qu'un vaste mouvement d'échanges, l'homme a dû chercher les moyens de faciliter cette opération.

Elle consistait nécessairement, à l'origine. dans le troc d'une marchandise contre une autre. Mais si rien ne paraît tout d'abord plus simple que l'échange en nature, rien n'est en réalité plus difficile et plus compliqué. Échange primitif.

Je veux du blé et je possède une balle de laine, Troc en nature. je la porte chez le cultivateur; mais il n'a pas besoin de laine et voudrait du vin. Je la porte chez le vigneron ; mais lui non plus n'a pas besoin de cette marchandise, il lui faudrait un habit. Serai-je obligé de changer ma laine contre un

habit, l'habit contre du vin, le vin contre du blé ?
Que de peines, en ce cas, que de difficultés!

Si, en place de ma balle de laine, j'avais en
même valeur une marchandise qui convînt à tout
le monde, mon opération deviendrait aussi simple
qu'elle est pénible et compliquée.

CHAPITRE Ier.

MONNAIE MÉTALLIQUE.

I.

On conçoit donc que dans toute société tant soit peu civilisée, on ait cherché cette marchandise intermédiaire qui, ayant le privilège de convenir à tous, aura la faculté de tout acquérir.

Le problème fut résolu par la création *de la monnaie* que l'on appelle communément *argent, numéraire, espèces.*

Découverte
d'une
marchandise
qui convient
à tous.

Avec cette marchandise s'interposant pour moi entre ma balle de laine et le blé, pour le cultivateur entre le blé et le vin, pour le vigneron entre le vin et l'habit, pour tout producteur, enfin, entre son produit et celui ou ceux dont il a besoin, l'échange devient aussi commode que le troc en nature était pénible.

Intermédiaire
dans
tout échange

Quelle admirable découverte que celle qui donne à chacun la possibilité d'obtenir en échange de son produit une chose qui lui permettra ensuite d'obtenir toutes les autres dans la proportion conforme à ses désirs !

II.

Quelle sera donc cette chose qui aura le privilège et de convenir à tous et de se subdiviser de manière à représenter une valeur exactement égale à chacun des objets que l'on veut acquérir ? Comme tous les produits, il faut qu'elle ait une valeur réelle donnée par la nature et la main de l'homme ; il faut même que sa production ou son extraction soit assez difficile pour qu'on n'ait pas à craindre de voir son prix s'avilir en peu de temps ; il faut, de plus, qu'elle soit d'un transport facile et à l'abri des détériorations.

La plupart des nations ont choisi pour cet usage des métaux précieux. De toute antiquité on y a employé *l'or, l'argent, le cuivre* et même *le fer*. La monnaie des Lacédémoniens était de fer.

Dans les premiers temps on se servit des métaux sous forme de barres, de lingots, même de poudre (la poudre d'or). Alors, dans chaque transaction, il fallait nécessairement vérifier la pureté du métal et en constater le poids au moyen de la balance.

III.

Le génie de l'homme devait chercher encore un mode plus rapide. Voici ce qu'on a imaginé :

L'autorité, dans chaque Etat, divise les métaux dans la mesure la plus propre à favoriser les échanges. Cela fait, elle constate le degré de pureté et le poids de chaque morceau et elle le certifie par une inscription sur le métal. Chaque parcelle d'or, ou d'argent, ou de cuivre, représente dès lors une valeur attestée par l'État, dont elle porte le seing. Ainsi créée, la monnaie entre dans la circulation et devient à la fois le terme de comparaison et l'équivalent de toutes les autres valeurs.

Le premier progrès consistait à se servir du métal comme intermédiaire dans l'échange des produits. Le deuxième consiste à éviter dans cette opération courante, qui s'appelle la vente, deux constatations difficiles et dispendieuses : la pesée, et l'analyse chimique qui seule peut faire reconnaître la pureté du métal.

Quelle supériorité sur le troc en nature ! Je suis meunier et j'ai des farines pour une valeur de mille francs. Je les vends à un boulanger, et avec la somme qu'il me remet j'achète tous les objets nécessaires à mes besoins et à ceux de ma famille.

IV.

La monnaie est-elle une marchandise ?

A-t-elle une valeur réelle ou de convention ?

Il ne faut pas oublier, toutefois, que la monnaie est une marchandise comme une autre, dont la valeur, déterminée par celle des métaux qui la composent, a pour base la peine qu'ont donnée leur recherche dans les entrailles de la terre et leur extraction. L'or, l'argent et le cuivre, en effet, sont des produits aussi bien que du charbon, qu'une table, qu'un tapis Frappés d'une empreinte et convertis en monnaie, ils n'ont d'autre supériorité sur les autres produits que celle de pouvoir plus facilement s'échanger contre tous les objets qu'on veut acquérir.

V.

La monnaie n'a-t-elle qu'une valeur idéale

Parfois on a cru, ou feint de croire, que l'argent n'a qu'une valeur purement idéale, imaginaire, qu'il n'est enfin qu'un *signe* des valeurs.

Puisqu'il en est ainsi, disait-on, refondons les monnaies, diminuons de moitié la quantité d'or ou d'argent qu'elles contiennent et nous doublerons nos richesses. C'est ainsi que Philippe-le-Bel, roi de France, altéra la livre d'argent de Charlemagne en y mêlant un tiers d'alliage. Cela s'appelle fabriquer de la fausse monnaie. Philippe-le-Bel croyait faire ainsi que 8 onces en vaudraient 12. Le résultat fut qu'avec la livre d'argent frappée par lui on ne pouvait plus acheter que les deux tiers de ce que l'on avait pour la livre de Charlemagne.

Faux monnayage.

Résultat

CHAPITRE II.

MONNAIE FIDUCIAIRE.

I.

Cette même erreur consistant à ne voir dans la monnaie qu'un signe, devait conduire plus loin encore.

La monnaie n'a-t-elle qu'une valeur imaginaire?

Dans la monnaie altérée il faut toujours une certaine quantité de métal, mais il est bien plus commode de s'en passer, s'est-on dit, puisqu'elle n'est qu'une représentation *idéale* de la valeur, et on fit du papier-monnaie.

Création de papier-monnaie.

Quand on admet qu'un papier portant certains caractères peut se substituer à la monnaie, tandis qu'il ne représente en réalité d'autre valeur que sa valeur propre, l'émission du papier monnaie, qui ne coûte rien ou presque rien à créer, peut prendre une extension sans limites. C'est ce qui

Système Law.

arriva à deux époques : sous le Régent, en 1718, et pendant la Révolution, en 1793.

A la fin de 1793, l'État avait fabriqué pour plus de quarante milliards d'assignats. On avait ainsi un signe de valeurs, mais aucune valeur réelle, et nos pères ont le souvenir qu'avec vingt-cinq mille francs d'assignats on ne pouvait plus acheter une paire de souliers.

Le résultat fut chaque fois une effroyable banqueroute.

II.

Il y a un autre mode de création du papier-monnaie qui s'applique de nos jours et rend d'éminents services. Celui-là consiste à représenter par un titre, non pas une valeur imaginaire, mais une valeur effective.

Tels sont les billets actuels de la banque de France, qui n'est autorisée à en émettre que dans une mesure proportionnée aux valeurs qu'elle reçoit en échange et à la réserve métallique qu'elle a dans ses caves. Cette réserve est telle que (sauf des circonstances exceptionnelles et passagères) elle donne au possesseur d'un billet de banque la faculté de le réaliser en espèce sonnante à son gré et à tout instant.

Ce que l'on comprend alors, c'est qu'un pareil titre soit accepté comme l'argent lui-même dont il ne fait, pour ainsi dire, que constater l'existence, et qu'entrant avec ce caractère dans la circulation, il y rende de réels services.

On appelle monnaie fiduciaire les billets destinés à représenter ainsi le numéraire.

Il faut y comprendre, en outre des billets de banque, les lettres de change, les billets à ordre et les chèques.

Instruments de crédit, ces effets de commerce se substituant à la monnaie proprement dite, ont pour objet de permettre aux maisons de banque d'effectuer le paiement des dettes et d'opérer le recouvrement des créances de leurs clients, sans déplacement de fonds.

Cette manière de procéder a pour avantage d'éviter outre les délais, les frais et risques qu'entraîne toujours le transport de l'argent monnayé.

III.

Par ce que nous venons de dire, on voit que le rôle de l'État dans la création de la monnaie est beaucoup moindre qu'on ne le croit généralement. Pour les métaux, il ne peut que constater leur poids et leur degré de pureté, il n'a nullement la faculté de leur donner une valeur qu'ils n'ont point par eux-mêmes. Dans la création du papier-monnaie, il ne peut dépasser le montant des valeurs *existant en réalité.*

C'est à ces seules conditions que la monnaie acceptée par tous, sans hésitation, remplit utilement son rôle en facilitant les échanges. L'oubli de ces règles ne peut qu'amener de graves désordres dans le vaste mouvement des transactions, désordres presque toujours suivis de catastrophes.

Conditions nécessaires pour que la monnaie inspire confiance.

IV.

Une autre erreur que déjà nous avons signalée en traitant du capital, consiste à mesurer la richesse d'un État par la somme plus ou moins considérable de numéraire qu'il possède.

Comme toutes les autres marchandises, la monnaie n'a de valeur que proportionnellement aux besoins qu'elle satisfait. Elle est comme l'huile, avons-nous dit, qui, placée dans les rouages si multiples du grand mouvement social, facilite les échanges. Mais son utilité n'existe qu'autant qu'il y a des transactions à faciliter ; elle n'a de raison d'être que là où il y a des produits à échanger contre des produits. Conçoit-on une nation plus pauvre que celle qui n'aurait que de la monnaie à échanger contre de la monnaie. Riche dans le sens vulgaire du mot, elle mourrait de faim.

Quelle est la part de la monnaie dans la richesse des nations ?

Son degré d'utilité

V.

Cette erreur cependant est encore trop répandue de nos jours.

Dans les moments de crise, en effet, lorsque le producteur trouve difficilement à échanger le fruit de son travail, lorsqu'en un mot le commerce va mal, que dit-on généralement pour caractériser cette situation ? « *L'argent est rare.* »

Nous l'avons entendu dire maintes fois, nous l'avons dit nous-mêmes...... Nous serions bien plus dans la vérité cependant, en disant que c'est la production des autres qui est rare.

Exemple : Un marchand d'étoffes se plaint ! il a pour clientèle les habitants de la campagne qui n'achètent point, pourquoi ? Parce que l'année a été mauvaise, que les récoltes ont manqué ou ont été détruites, et qu'ils n'ont rien à réaliser en argent. Comment pourraient-ils acheter des étoffes ? Le marchand, à son tour, qui n'a rien vendu, comment achèterait-il de nou velles marchandises ?

Une branche de la production souffre, l'arbre entier languit.

L'argent est il rare, est-il détruit ? Non, il

existe, mais on prend l'effet pour la cause. Ce qui est rare, c'est l'emploi de l'argent dans l'échange ; ce sont les produits eux-mêmes.

Que la récolte soit abondante, et le fermier portera l'argent chez le marchand, le marchand chez l'industriel, et celui-ci le divisera entre ses ouvriers qui le dépenseront de mille manières. Inerte et cachée quand la production s'arrête, la monnaie se montre à tous et passe rapidement en mille mains lorsque la production est abondante, tout auteur d'un produit n'ayant ordinairement qu'un but, le vendre dès qu'il est créé, pour en acheter un autre.

Ou sa circulation?

VI.

Ici encore et toujours cette solidarité qui fait que la prospérité des uns est, à tous les degrés, la principale source de la prospérité des autres.

Citadin, j'ai profit aux bonnes récoltes obtenues par le campagnard, de même que le campagnard est intéressé à ma prospérité pour le placement avantageux de ses produits.

Solidarité des diverses contrées.

Habitant du Nord, j'ai intérêt à ce que la vendange du Midi soit abondante. Si le soleil a fertilisé le Midi, les produits de ma contrée y trouveront d'avantageux débouchés, de même que si l'industrie du Nord est prospère, les vins du Midi se vendront au Nord à de hauts prix.

Ouvrier, artisan, enfin, je serai d'autant plus assuré d'une large rémunération de mon travail, que celui auquel je l'offrirai sera plus heureux dans ses affaires.

TITRE III.

DE L'ÉCHANGE;
DE L'UTILITÉ ET DE LA VALEUR DES SALAIRES.

Dans les pages qui précèdent nous avons vu pourquoi les hommes exercent dans la société des professions si diverses; l'un faisant exclusivement des souliers, l'autre des habits, celui-ci maniant la charrue, celui-là le rabot ou la truelle... Il semble que, par convention tacite et au plus grand avantage de tous, chaque membre du corps social doive faire une opération distincte et créer un produit particulier. Ce qui ressort de cette spécialité d'occupations, c'est que nul ne peut vivre de son propre produit et qu'il doit nécessairement l'échanger contre une infinité d'autres.

Pourquoi, par convention tacite, chacun crée t-il un produit particulier?

CHAPITRE Ier.

L'ÉCHANGE.

Effets de l'échange du produit particulier de chacun contre les autres produits.

Pour juger le résultat obtenu par cet agencement de la vie sociale, ayons encore recours à un exemple :

Le menuisier passe sa vie à façonner des planches, à fabriquer des tables, des armoires, que reçoit-il en échange ?

Quelles sont les productions que se procure un menuisier en échange de son produit ?

Le matin, en s'éveillant, il s'habille. Des nombreuses parties de son vêtement, aucune n'a été faite par lui ; elles sont l'œuvre du tailleur, du cordonnier, du chapelier, etc., etc. Pour la création des tissus qui le composent, des Américains ont produit le coton, des Indiens les couleurs, des Brésiliens le cuir, des Français la laine et le lin. Toutes ces matières ont été transportées, tissées, teintes.

Dans sa journée il consomme du sucre, de l'huile, du café, des spiritueux. Toutes les parties du monde et leurs habitants ont concouru à son alimentation,

Il a fait usage, dans un seul jour, de plus de choses qu'il n'en pourrait produire seul dans un siècle et il a payé tout cela au moyen de sa modeste industrie. La disproportion qui existe entre les satisfactions qu'il puise dans l'état de société et celles qu'il pourrait se donner s'il était réduit à ses propres forces, est incommensurable.

Nombre et variété des productions dont tout homme fait usage en un jour.

II.

C'est par l'échange et au moyen des *débouchés* que s'obtient ce résultat. Le produit du menuisier est un débouché pour les productions si diverses qu'il consomme, de même qu'elles lui offrent le moyen de tirer parti de son œuvre.

Qu'est-ce qu'un débouché?

Dans le langage usuel, en terme de commerce, cette expression *débouché* ne s'applique guère qu'à des opérations considérables. Les colonies nous envoient par cargaisons de la cannelle, du thé, du café, etc.; nous leur envoyons de même des meubles, des tissus, etc.; elles sont pour nous, nous sommes pour elles des *débouchés*.

Débouchés en terme de commerce

Mais toujours et forcément dans toutes ces

opérations, qu'elles soient infimes ou importantes, ce sont des produits qui servent de débouchés aux produits.

D'où naissent les débouchés.

Il n'y a rien de possible avec ceux qui, ne produisant rien, n'ont rien à échanger, et là au contraire où l'échange a sa raison d'être, l'opération sera d'autant plus fructueuse que la production étant plus abondante, il y aura plus de marchandises cherchant leurs débouchés.

CHAPITRE II.

L'UTILITÉ, LA VALEUR.

I.

Dans l'échange, dans la mutualité des services, ce qui domine c'est la *valeur* des choses, qu'il ne faut pas confondre avec leur utilité.

Le mot *utilité* vient de *uti* servir; est donc utile tout ce qui peut servir à la satisfaction de nos besoins. De ces choses les unes nous sont données gratuitement l'air, l'eau, la lumière, les autres ne peuvent nous appartenir qu'à l'aide d'un effort, d'un travail humain. Ce sont celles-là seules qui ont de la valeur, parce que seules elles peuvent être l'objet d'un échange, d'une mutualité de services.

Quelle a été la somme de travail dont elles ont été l'objet ou, plus justement, quelle somme de travail devrai-je m'imposer pour les avoir; tel est le calcul auquel je me livre pour en déterminer la valeur.

Influence de la rareté de l'objet sur sa valeur

Je calcule, par exemple, la valeur des pierres précieuses et des diamants par les frais qu'il a fallu faire pour les découvrir au sein de la terre ou des mers, les transporter et les travailler.

Ajoutons qu'il faut tenir compte aussi de leur rareté — la rareté en toutes choses exerçant son influence sur la détermination de la valeur.

La valeur naît de la possibilité de l'échange

Dans l'état d'isolement, les choses n'ont pour l'homme que de l'utilité, pour qu'elles aient de la valeur il faut qu'il y ait possibilité d'échange, et cette valeur se mesure par le service que l'on peut obtenir en échange de celui qu'on rend.

La valeur enfin est née le jour où un homme a dit a un autre homme : « faites ceci pour moi, je ferai cela pour vous. »

La valeur n'est-elle pas variable suivant l'offre et la demande?

D'où il suit naturellement que la *valeur* est soumise aux lois de l'offre et de la demande, et qu'elle s'élève ou diminue suivant que l'offre et la demande s'élèvent ou s'abaissent. Une marchandise est très demandée peu offerte : sa valeur s'élève naturellement.

Cette règle ne s'applique-t-elle pas aux salaires?

De même pour le salaire, un anglais célèbre l'a dit : Quand deux maîtres courent après un ouvrier, le salaire s'élève ; quand deux ouvriers courent après un maître, le salaire baisse.

CHAPITRE III.

LES SALAIRES.

I.

On a singulièrement abusé, dans un mauvais esprit, du mot salaire, salariat, salariés, dont la véritable signification est tout simplement la rémunération d'un service rendu.

S'il est vrai que tout en ce monde se traduit en échange de services, le salaire n'est autre chose pour chacun des échangistes que la rémunération du service qu'il a rendu.

Mirabeau l'a dit : « Je ne connais que trois moyens d'exister ; il faut être mendiant, voleur ou salarié. »

Vous me faites un vêtement, je vous le paie, c'est le salaire du service rendu; marchand vous me vendez un objet dont j'ai besoin, je vous en remets le prix qui n'est autre que le salaire du service que je reçois de vous.

Pour ceux qui exercent les professions libérales.

Avocats, avoués, médecins, notaires, reçoivent une rémunération de ceux qui ont eu recours à leurs lumières, c'est le salaire du service qu'ils ont rendu.

Pour les fonctionnaires.

Les fonctionnaires de tous ordres reçoivent de l'État leur salaire.

Pour les capitalistes.

Le capitaliste qui rend service à l'emprunteur, en mettant à sa disposition la somme dont il a besoin, en reçoit un salaire qui s'appelle intérêt.

Pour les propriétaires d'immeubles.

Le propriétaire, enfin, qui met à la disposition de ceux qui les demandent sa maison ou son champ, leur rend un service en échange duquel il reçoit un salaire qui s'appelle loyer ou fermage.

Pour les cultivateurs.

Et s'il cultive lui-même sa terre, le prix qu'il reçoit de sa récolte n'est autre chose que le salaire de sa peine.

Il n'y a que trois modes d'existence la mendicité, le vol, le salariat

Mirabeau avait donc raison de le dire : hors le salaire qui est la rémunération d'un service rendu, il n'y a d'autre mode d'exister dans notre état social que le vol ou la mendicité.

Le salaire n'a, par conséquent, rien que d'honorable, comme le travail dont il est la rémunération.

II.

Le salaire doit il être librement débattu de gré à gré

Qu'il soit d'ailleurs le prix d'un objet de consommation ou le prix direct du travail (le résultat cherché étant toujours un service à obtenir en échange d'un autre service); le salaire doit toujours être librement débattu et librement fixé entre les contractants. Nous y reviendrons en traitant de la liberté des transactions; il y a le salaire à la journée et le salaire à la tâche. Ce dernier lorsqu'il est possible doit toujours être préféré, comme offrant un rapport plus juste ou, au moins, mieux défini entre le service rendu et sa valeur. Il a de plus le mérite de solliciter davantage les facultés de l'ouvrier en lui laissant plus d'indépendance dans leur exercice.

Salaire a la journée ou à la tâche.

Lequel doit être préféré?

Pour que l'ouvrier soit encore plus stimulé et relevé dans sa condition, on voudrait qu'outre sa rémunération journalière, il eût une participation aux bénéfices; il deviendrait alors, pour ainsi dire, l'associé du patron, intéressé par conséquent, au succès de l'entreprise.

L'ouvrier doit-il être l'associé du patron?

C'est là une idée généreuse, mais il ne faut pas se dissimuler que, dans l'application, elle rencontre de graves difficultés.

Et l'idée est-elle pratique?

Pour que l'ouvrier soit l'associé du maître, il faudrait qu'à la fin de l'année il supportât sa part de pertes comme celle de bénéfices, et quel est le patron qui pourrait, à chaque inventaire, venir réclamer à chacun de ses ouvriers une part quelconque des pertes que pourrait accuser cet inventaire?

Pour l'associé, n'y a t-il pas participation aux pertes comme aux bénéfices?

C'est en traitant de l'association et des moyens

d'amélioration du sort de l'ouvrier, que nous verrons comment le patron peut dans certaines conditions et, par une sorte de contrat de bienfaisance, faire participer ses ouvriers à ses bénéfices et les intéresser directement ainsi au succès de son entreprise.

Pour le moment, contentons-nous de rappeler que le travail étant une marchandise comme une autre, lorsque le travail a été fourni et que le prix convenu en a été payé, les conditions ordinaires de toutes les transactions se trouvent remplies.

Quels sont les avantages du salaire fixe

En présence des inconvénients, d'ailleurs, du salaire fixe, s'il en existe, que d'avantages ; l'ouvrier ne court aucune chance, son pain est assuré. — La paie qui revient chaque semaine ou chaque quinzaine le lui fournit régulièrement. L'entrepreneur qui l'emploie peut éprouver des pertes comme réaliser des bénéfices, il n'en a aucun souci ; il a même de par la loi, au cas de désastre atteignant son patron, un privilège spécial pour le paiement de son salaire.

Dans l'exploitation de la terre, par exemple, les cultivateurs éprouvent depuis plusieurs années des pertes qui diminuent leur avoir, le journalier ne s'en ressent pas et il touche son salaire comme dans les meilleures années.

III.

C'est dans l'esprit d'épargne dont nous allons bientôt montrer la puissance, que l'ouvrier peut trouver le meilleur et le plus sûr moyen d'améliorer sa condition. Ajoutons, toutefois, que dans cet effort, il est bon qu'il soit encouragé et soutenu. Nous verrons bientôt quelles sont les principales mesures au moyen desquelles on peut lui venir en aide, pour qu'il triomphe de son trop commun penchant à l'imprévoyance.

TITRE IV.

DE LA LIBERTE des TRANSACTIONS ; DES GRÈVES ; DU LIBRE-ÉCHANGE ; DE LA PROTECTION.

CHAPITRE Ier.

DE LA LIBERTÉ DES TRANSACTIONS

I.

L'échange étant pour l'homme non pas seulement un droit, mais une nécessité, la première règle qui s'impose en cette matière, c'est la liberté pour chacun de rendre ou de ne pas rendre le service qui lui est demandé, suivant qu'il y trouve ou non sa convenance ou son avantage.

Quelle est la première règle à observer en matière d'échange

Roi décrétant
un maximum.

Un roi puissant méconnut autrefois cette règle que l'Économie politique pose au sommet de ses préceptes : *La liberté des transactions,* et vous allez voir ce qui en advint :

Frappé de l'excessive cherté des vivres, il crut trouver dans son pouvoir le moyen d'y remédier en décrétant ce qu'on appelle un maximum, c'est-à-dire la défense de vendre un setier de froment plus de 40 sols, et un setier de fèves plus de 30.

Quel en fut
l'effet.

Le résultat fut que les marchés devinrent déserts et que la disette menaça de se changer en véritable famine.

Comment
il rapporta son
édit.

« C'est pour secourir aux nécessités de notre peuple, dit bientôt le monarque, que nous rapportons notre édit et ordonnons que chacun pourra vendre ses grains comme il voudra. »

Décret
de
la Convention.

Plus tard et plus près de nous, la Convention, qui ne reculait guère devant les mesures extrêmes, décréta elle aussi un maximum, et nous savons sous quelle terrible sanction, elle plaçait l'accomplissement de ses volontés. Contentons nous de rappeler la proclamation par laquelle elle rapportait la mesure :

Proclamation
rapportant
la mesure.

« Les esprits les moins éclairés, y disait-on, savent aujourd'hui que la loi du maximum *anéantissait* (le mot est à retenir) le commerce et l'agriculture. En conséquence, rapportons notre décret et proclamons la *liberté des trans-actions*. » On peut poser comme principe absolu que tout marché où la loi de l'offre et de la demande n'est pas respectée, sera inévitablement déserté.

II.

Et le danger n'est pas moindre pour l'État, s'il intervient dans le règlement des salaires, que s'il agit ainsi dans tout autre mode de transaction. C'est même en ce cas que son intervention entraîne ordinairement les conséquences les plus redoutables. Le travail, avons-nous vu, étant une marchandise comme une autre, il va de soi que le Gouvernement ne peut pas plus intervenir dans le règlement du prix de la main-d'œuvre que dans la fixation du prix de toute autre marchandise.

L'État peut-il intervenir dans le règlement des salaires ?

Supposons pourtant qu'il le fasse et vous allez voir à quel singulier résultat aboutit une semblable mesure :

Supposons l'État décrétant une élévation de salaires.

Par une loi ou un décret, l'État décide que tous les salaires des ouvriers seront élevés de 10 %; le résultat sera que chaque entrepreneur devra élever dans la même proportion le prix de son produit, et comme en définitive l'ouvrier ne peut vivre qu'en consommant des produits, il arrivera que la valeur des objets qu'il consomme, se trouvant surélevée de 10 %, il n'obtiendra rien de plus avec 11 francs que lorsqu'il en avait 10.

Quel en sera
l'effet? L'effet inévitable de toute élévation *arbitraire* dans la valeur d'un service quelconque sera, d'abord, un grand trouble dans le monde des échanges, suivi d'une élévation correspondante dans la valeur de tous les autres services.

CHAPITRE II.

DES GRÈVES.

I.

La seule intervention que l'on doit demander à l'État en matière d'échange de services, c'est qu'il en assure la complète liberté.

Représentant des intérêts de tous, son devoir et sa fonction consistent, précisément et unique- ment, à réprimer toute atteinte portée à cette liberté.

Toutes les fois, par exemple, que par des moyens violents ou frauduleux, des patrons auront amené ou tenté d'amener une hausse ou une baisse du prix qu'une marchandise aurait eue dans les circonstances ordinaires de l'offre et de la demande, qu'ils en soient punis. C'est là que se comprend l'intervention des pouvoirs publics.

De même lorsque des ouvriers auront par des violences ou des menaces porté atteinte à la liberté d'autres ouvriers, qu'ils en soient également punis.

Leur répression   C'est au nom de la liberté que la loi existante sur la coalition et les grèves, réprime ces atteintes portées au droit, pour chacun, de disposer de ses forces comme il l'entend.

II.

l'entente pacifique entre ouvriers n'est-elle pas à l'abri des atteintes de la loi ?   Lorsqu'au contraire, la coalition ou la grève n'a été l'effet que d'une simple entente entre ouvriers, organisée en vue d'obtenir une élévation de leur salaire, sans qu'aucun d'eux ait été contraint ni par violence ni par menaces d'entrer dans ce concert, la loi n'a rien à y voir. Le principe de la liberté n'ayant pas été violé.

Qu'arrive-t il dans la plupart des grèves.   Mais dans la plupart des cas, ce sont des meneurs qui décident de la grève. Parmi les ouvriers qui ont quitté l'atelier, il y en a quelques-uns, beaucoup parfois, qui eussent préféré y rester ou aimeraient à y retourner.

Violences et menaces suivies de condamnations   Excités par les meneurs, leurs camarades les en empêchent en ayant recours aux violences et aux menaces, et ils sont l'objet de poursuites et de condamnations.

Que d'ouvriers honnêtes, jusque là exempts de tous reproches, n'avons-nous pas vus fous de désespoir, amèrement déplorer le mal qu'ils avaient causé à leurs femmes, à leurs enfants et à eux-mêmes, en cédant à ces excitations.

III.

Supposons, maintenant, que le maître ait réellement des torts, et cela arrive, car enfin les maîtres ne sont pas plus parfaits que les ouvriers, et que ceux-ci soient unanimes pour se mettre en grève, faut-il, même en ce cas, la conseiller ou l'approuver?

Au cas où le patron a des torts faut-il conseiller la grève?

L'expérience nous permet de l'affirmer, toujours nuisible, la grève est le plus souvent inutile à ceux qui la font

Si parfois, en vue de s'enrichir plus vite, un patron se refuse à élever le salaire de ses ouvriers au taux qu'il devrait équitablement atteindre, que doit faire l'ouvrier? Chercher un autre patron qui le paye mieux, si réellement, en ce cas, la main-d'œuvre a plus de valeur que ne veut le reconnaître le patron trop pressé de s'enrichir; par l'effet naturel de la concurrence, l'ouvrier trouvera facilement d'autres fabricants qui le payeront mieux.

Que doit faire l'ouvrier lorsque son patron refuse de lui accorder un salaire équitable?

C'est toujours un procédé redoutable que celui qui consiste de la part des ouvriers à quitter tous ensemble leur travail, à la même heure, en mettant pour ainsi dire l'établissement auquel ils appartiennent en interdit, afin de forcer le patron à souscrire aux conditions qu'ils veulent lui imposer.

Quel est le premier et inévitable effet de la grève ? Le premier et inévitable effet de cette détermination, c'est de laisser sans emploi les bras de ceux qui la prennent, et de les mettre, par la privation de leurs salaires habituels, en présence d'une véritable souffrance.

IV.

En quel cas la grève s'explique et se justifie ? Assurément, nous le répétons, une grève de cette nature, exempte de toute violence et de menaces, n'est pas absolument condamnable en elle même ; elle se justifie même jusqu'à un certain point, se produisant dans des circonstances où une agglomération d'ouvriers se trouve à la merci d'un seul établissement ou d'un seul patron, dont à tort ou à raison, ces ouvriers croient avoir à se plaindre.

Que faut-il lui souhaiter alors ? Ce qu'il faut lui souhaiter, en ce cas, c'est qu'elle soit la plus courte possible, prenant juste le temps voulu pour qu'ouvriers et patrons s'expliquent et s'entendent. Mais aujourd'hui, grâce à la multiplicité des industries et des établissements dans chaque industrie, la grève n'a plus guère de raison d'être.

C'est la concurrence s'exerçant en toute liberté qui, dans les conditions actuelles de la production règle, en léfinitive, le taux des salaires comme le taux de toute chose.

Et si un entrepreneur méconnaît la véritable valeur de la main-d'œuvre, il y en aura dix à côté de lui qui rétabliront le cours de cette valeur. De même que si une grève a par l'effet de sa pression et sur un point donné, élevé à une hauteur excessive le prix des salaires, la souveraine loi de la concurrence ne tardera pas à faire tomber cette hausse factice.

En nous plaçant toujours au point de vue de l'intérêt ouvrier, signalons, enfin, que semblables à la guerre et aux inondations, les grèves entraînent des dépenses improductives considerables, qui diminuent d'autant le capital, et le capital diminué, c'est le travail moins demandé, moins rétribué.

V.

Résumant ce que nous venons de dire, en un mot, nous croyons en toute sincérité, que neuf fois sur dix, les grèves ont des effets lamentables à tous les points de vue et spécialement au point de vue des intérêts de la classe ouvrière.

CHAPITRE III.

DU LIBRE-ÉCHANGE
ET DE LA PROTECTION

I.

A l'étude du principe de la liberté des transactions et de ses conséquences, se rattache, naturellement, la fameuse question du libre-échange et de la protection.

L'accord est il unanime sur le libre échange ou la protection?

Mais, à cet égard, une grande réserve s'impose ; l'accord, en cette matière, étant loin d'être unanime, même entre les économistes.

Contentons-nous, par conséquent, d'esquisser les principaux aspects de la question.

Le libre-échange n'est-il pas le moyen rationnel d'amener la vie à bon marché?

En principe, il est vrai, la plupart des économistes sont favorables au libre-change. L'abaissement des barrières, la libre concurrence, en un mot, s'exerçant entre les producteurs de tous les pays comme entre les producteurs nationaux, étant le moyen le plus rationnel d'amener la vie à bon marché et de satisfaire l'intérêt du consommateur.

Ainsi, manufacturier français, je ne peux produire une marchandise qu'au prix de 10 fr., tandis que l'industrie anglaise, ou américaine, ou allemande peut la fournir à 9 fr. L'intérêt du consommateur est qu'il ne soit pas obligé de payer 10 fr. ce qu'il peut obtenir à 9 fr.

II.

Mais, à côté du consommateur, il y a le producteur et, en regard de la théorie de la question de principe, il y a la pratique, la question d'opportunité, de justice et même de sécurité publique.

Manufacturier français, j'ai créé mon établissement sous l'empire d'une législation douanière qui me mettait, dans une certaine mesure, à l'abri d'une concurrence étrangère ruineuse.

Le droit établi était-il fiscal ou protecteur? N'était-il point à la fois l'un et l'autre? Il est souvent bien difficile de préciser ce qui est, dans ces sortes de tarifs, purement fiscal, purement protecteur.

La réalité c'est que, sachant bien que je ne peux créer au même prix que l'étranger le produit frappé de ce droit, j'ai vu dans l'existence de cet impôt douanier une compensation à la différence du prix de revient, et que j'ai cru, dans ces conditions, pouvoir lutter avec la production étrangère.

Est-il équitable, est-il opportun que, par une mesure soudaine, ce droit se trouvant supprimé, mon établissement soit inévitablement ruiné ?

III.

Au point de vue de la justice :

Question de justice.

A la suite d'une guerre, un pays se trouve frappé de lourdes charges qui grèvent d'autant sa production, l'impôt s'ajoutant au prix de revient. Ne peut-on admettre qu'en vue de rétablir l'équilibre entre l'indusrie nationale et l'industrie étrangère, la Nation ainsi grevée de charges exceptionnelles, frappe le produit étranger d'un droit que l'on est convenu d'appeler compensateur ?

C'est à la suite de la guerre de sécession, que l'Amérique s'est placée, en matière d'industrie proprement dite, sous le régime de la protection.

Au regard de l'Amérique, il arrive, d'un autre côté, que par suite de circonstances spéciales (qui n'auront qu'un temps, croyons-nous), l'agriculture de cette contrée produit à des conditions qui, sur notre marché même, mettent notre production agricole en état d'infériorité marquée vis-à-vis de la production américaine.

Est-il juste, dit le cultivateur français, que, par respect pour la liberté commerciale, principe que méconnait l'Amérique, notre agriculture nationale soit écrasée par l'agriculture américaine ?

IV.

Au point de vue de la sécurité publique enfin :

La marine française ne peut, en nombre de cas, opérer les transports au même prix que telle ou telle marine étrangère.

Or, il importe que l'État, en cas de guerre maritime, trouve sur ses côtes des marins prêts pour l'armement de ses flottes. N'est-il pas alors, de l'intérêt public, que la marine française soit favorisée ou plutôt maintenue par des droits protecteurs ? N'y a t il pas là une sorte d'impôt que chacun doit supporter, sans se plaindre, dans l'intérêt national ?

La question, on le voit, est des plus complexes, et nous ne l'avons effleurée que pour en montrer les difficultés.

6

Elle se simplifierait assurément, si, réunies en congrès, toutes les nations entre lesquelles se pratiquent les échanges, tombaient d'accord pour adopter un régime unique qu'elles s'engageraient à appliquer toutes en même temps.

Le libre-échange, croyons-nous, aurait alors grandes chances de triompher.

Mais, en l'état, ce principe n'est pas de ceux qui, semblables aux règles que nous venons d'exposer, se posent comme absolus, indiscutables, et la solution en cette matière ne rentre pas, croyons-nous, dans le domaine de ce modeste livre.

TITRE V.

DE L'ASSOCIATION ENTRE OUVRIERS ;
DE LA PARTICIPATION DES OUVRIERS AUX BÉNÉFICES ;
DES INSTITUTIONS DE PRÉVOYANCE.

CHAPITRE Ier

DE L'ASSOCIATION ENTRE OUVRIERS

I.

Nous n'avons pas à démontrer ici le bienfait de l'association et sa puissance, cet ouvrage étant consacré tout entier à montrer : qu'impuissant dans l'isolement, l'homme ne peut améliorer son existence qu'en unissant son effort à celui de son semblable.

Pour ce qui concerne les entreprises industrielles créées sous forme de sociétés, contentons-nous de dire que :

Soit que l'association entre deux ou plusieurs personnes ait pour objet de construire une manufacture ou de tenter une entreprise commerciale, soit qu'elle constitue ces appels aux épargnes d'un grand nombre qui, sous le nom d'actionnaires, unissent leurs capitaux pour exécuter en commun quelque grande entreprise exigeant des ressources considérables; c'est à ces deux principaux modes d'association que nous devons, d'une part, le développement du commerce et de l'industrie, et, de l'autre, l'exécution de ces grands travaux : mise en exploitation des mines, création de chemins de fer, etc, etc., qui contribuent si puissamment au bien-être général et au développement de la richesse publique.

II

Le mode d'association dont nous avons à nous occuper ici est celui qui consiste, de la part d'ouvriers, à mettre en commun leurs efforts pour la création d'un produit quelconque.

Dans une opération de cette sorte, chaque associé réunit en lui la qualité d'ouvrier et celle de patron. Rien n'est plus désirable, assurément, que de voir l'ouvrier s'élever à la condition de patron, et les efforts de ceux qui ont à cœur le bien public doivent tendre à lui en faciliter les moyens ; mais leur devoir en même temps, est de l'éclairer sur ce qui est pratique ou ne l'est point, afin de le mettre à l'abri des déceptions qu'entraîne nécessairement la poursuite d'une irréalisable conception.

Cette association est-elle applicable à l'exploitation d'une

Aisément praticable, lorsqu'il s'agit d'une entreprise restreinte, entre quelques travailleurs, l'association entre ouvriers se montre hérissée de difficultés lorsque l'entreprise est importante; l'exploitation d'une manufacture, par exemple.

III.

Une entreprise de cette nature exige un capital considérable.

Il faut, d'abord, que chacun des futurs associés ait la force et la persévérance d'économiser la somme qu'il devra apporter dans l'association

Cela fait, comment va fonctionner la manufacture ? Les bras exécutent, mais il faut une tête qui dirige. Sera ce un conseil d'ouvriers qui se chargera d'acheter, de vendre et de prendre, sur

Quelles sont le difficultés que rencontre une exploitation de cette sorte par des ouvriers associés?

l'heure le plus souvent, des résolutions d'où dépendent le succès ou l'insuccès d'un établissement.

Les associés sont nécessairement nombreux et ils ne peuvent attendre la réalisation des produits. Quelle part donnera-t-on immédiatement et pour ainsi dire jour par jour, à chacun d'eux? Quelle part distribuera-t-on dans les bénéfices s'il en existe et, s'il y a des pertes, comment y pourvoira-t-on?

Comment, enfin, s'opèrera la répartition du travail et sa rémunération? Le travail ne peut être le même pour tous, ni par conséquent le salaire, et dans cette inévitable inégalité quelle source de récriminations!

Dans une fabrique ordinaire, un ouvrier qui n'est pas content de la besogne qu'on lui assigne, ou de son salaire, se retire et tout est dit.

Dans l'association comment fera t il? Il a une part de la propriété commune et a droit à une portion des bénéfices, s'il y en a. Il est pourtant impossible de lui remettre à volonté l'une et l'autre; l'alternative c'est qu'il reste enchaîné malgré lui à l'association ou qu'il abandonne sa part dans l'actif commun.

IV.

Bien autre est l'état des choses lorsqu'un certain nombre d'ouvriers qui se sont vus à l'œuvre et ont pu mutuellement s'apprécier s'associent pour une œuvre d'une durée limitée. Si cette association réussit, au contentement des intéressés, on y a la preuve qu'elle s'est formée entre des travailleurs courageux, assidus, des hommes de cœur et d'énergie, assez dévoués en un mot, pour triompher des difficultés que présente toujours une tentative de ce genre. Elle est souvent un acheminement à une association permanente, et c'est à la suite d'essais de cette sorte que l'on voit, si fréquemment, des ouvriers devenir entrepreneurs et patrons.

Ne faut-il pas, au contraire, vivement encourager l'association entre quelques travailleurs pour une œuvre d'une durée limitée?

V.

Un autre genre d'association méritant d'être signalé est celui qui a pour objet une combinaison permettant aux ouvriers de réaliser un bénéfice dans l'achat des objets nécessaires à leur existence.

On aime à citer l'exemple donné à cet égard par la Société anglaise dite : *des équitables Pionniers de Rochdaele.*

Sociétés coopératives.

Les équitables Pionniers de Rochdale

En 1844, sept des ouvriers tisserands de Rochdale avaient imaginé d'acheter en gros et de se vendre mutuellement au détail au prix ordinaire du commerce et en ne se faisant aucun crédit[1], les denrées nécessaires à la vie.

A la fin de cette même année ils étaient au nombre de 40 et pouvaient ouvrir un magasin d'épiceries.

En 1870, le nombre des sociétaires était de 6000 et le capital social atteignait presque 4 millions.

Qu'est-ce qu'une société coopérative

En France, on a tenté un grand nombre d'opérations de cette nature qui ont pris le nom de Sociétés Coopératives, la Coopération résultant de ce fait qu'indépendamment de la participation de chacun à la création de l'établissement, tous les associés se sont engagés à en former la clientèle.

A la vérité, peu de ces créations ont réussi, la condition du succès, difficile à rencontrer, étant que les gérants apportent au service de l'intérêt collectif la même sollicitude qu'ils mettraient au service de leur seul intérêt. Mais il n'y en a pas moins dans cette institution un élément d'amélioration du sort de l'ouvrier, qui avec le temps,

---

[1] L'achat à crédit comporte nécessairement une augmentation de prix destinée à couvrir le risque couru par le vendeur, et il tend à faire perdre les habitudes d'ordre et d'épargne

espérons nous, se généralisera et triomphera des difficultés auxquelles trop souvent il se heurte aujourd'hui.

VI.

Heureusement, on le voit, l'association entre ouvriers n'est pas une chimère.

Mais il importait d'établir qu'elle peut, suivant les conditions dans lesquelles elle se forme, ou conduire aux plus heureux résultats, ou aboutir à d'amères déceptions.

L'association entre ouvriers n'est heureusement pas une chimère.

CHAPITRE II

. DE LA PARTICIPATION
DES OUVRIERS AUX BÉNÉFICES.

I.

Que faut-il penser de la participation des ouvriers aux bénéfices de l'œuvre a laquelle ils donnent leur travail ?

Déjà, en écartant comme irréalisable une association proprement dite entre ouvriers et patrons, association qui comporterait nécessairement la participation des ouvriers aux pertes comme aux bénéfices et leur participation aussi à la gestion de l'entreprise, nous avons indiqué le bien qu'on peut attendre d'un arrangement dont l'effet serait de les intéresser au succès de l'œuvre en leur donnant une part dans les bénéfices.

N'est-elle pas préférable a la fois a l'ouvrier et au patron ?

Avantageuse aux ouvriers dont elle augmente le salaire, une telle mesure ne l'est pas moins aux patrons. Si, en effet, elle diminue leurs bénéfices de la portion qu'ils cèdent à leurs ouvriers, elle les augmente et les rend plus assurés en faisant de ceux-ci des coopérateurs plus actifs, plus exacts, plus dévoués au succès de l'établissement auquel ils appartiennent.

II.

Cette sorte de prime accordée à l'ouvrier qui acquiert ainsi la qualité d'intéressé, peut revêtir des formes diverses. La plus ordinaire consiste en cette convention que tous frais d'exploitation prélevés, s'il y a un bénéfice, il se partagera d'une certaine façon entre le maître et les ouvriers.

Dans certaines industries, la prime se met en rapport plus direct encore avec le travail. L'action de l'ouvrier s'exerçant, par exemple, sur des matières brutes, on convient que si d'une certaine quantité de matières il obtient plus que le rendement ordinaire, en diminuant ainsi ce que l'on appelle le déchet, il participera aux bénéfices que donne cet excédent.

De même lorsque l'industrie entraîne une consommation de combustible, on décide que lorsque les ouvriers diminueront dans une certaine mesure cette consommation, ils auront une part des bénéfices résultant de cette économie de combustible.

III.

Quelle que soit la nature de ces combinaisons, on ne pourrait trop les approuver au point de vue moral, comme au point de vue matériel.

Dans l'ordre moral elles ont pour effet de relever l'ouvrier à ses propres yeux, en lui permettant de se considérer comme intéressé dans l'affaire à laquelle il apporte sa coopération et de le rapprocher davantage de son patron.

Elles ont dans l'ordre matériel l'avantage de lui faire contracter des habitudes de régularité, d'exactitude. de soins et d'attention qui, profitables à lui-même, le sont à la richesse publique en augmentant et améliorant la production.

CHAPITRE III

DES INSTITUTIONS DE PRÉVOYANCE

I.

Il y aurait une intéressante étude à faire des œuvres de bienfaisance qui ont pour objet le soulagement de la souffrance et de la misère.

Œuvres de charité.

Bureaux de bienfaisance, hospices pour les vieillards et les infirmes, hôpitaux pour les blessés et les malades, maisons d'aliénés, refuges pour les enfants abandonnés, maternités, crèches, etc. Il faut renoncer à une énumération complète

Leur nombre.

II.

Mais ce ne sont pas ces institutions ayant pour objet le soulagement de la misère que nous

Des institutions de prévoyance

avons à étudier ici ; ce sont celles qui ont pour objet de la prévenir.

Ces créations portent en général le nom *d'Institutions de prévoyance*, la prévoyance en étant le fondement. Elles diffèrent des premières en ce que, mettant seulement à profit les facilités qui lui sont offertes, c'est l'ouvrier, cette fois, qui se vient en aide à lui-même.

III.

Parmi ces institutions se place en premier ordre *la Caisse d'Épargne*, née d'une des pensées les plus belles et les plus libérales dont notre époque ait à s'honorer.

Comment est née l'idée de la création de la Caisse d'Épargne. L'ouvrier ne sachant autrefois où placer ses économies n'en faisait point ou, au moins, ne se sentai' pas sollicité à en faire. Celui qui avait une epargne l'enfouissait, pour ne pas la confier à des spéculateurs dont l'improbité ou les trop fréquents désastres ne permettaient aucune confiance dans cette sorte de placement.

Quels sont les avantages qu'elle réalise ? Par une combinaison qui réalise trois avantages, la Caisse d'Epargne est venue permettre le dépôt des économies les plus humbles (depuis un franc) contre un titre qui donne pour obligé l'État, c'est-à-dire la nation tout entière ; les sommes déposées s'accroissent d'elles-mêmes par intérêts fixes et réguliers, et le remboursement s'opère sur un simple avertissement donné quelques jours à l'avance.

IV.

C'est en 1818 qu'a été créée à Paris la première Caisse d'Épargne, mais c'est vers 1830 seulement que cette institution s'est généralisée et a pris un véritable développement. La Caisse d'Épargne de la ville de Lille qui compte pourtant parmi les plus grandes et les plus industrieuses cités de France, ne date que de 1834; il est curieux de suivre la progression que présente son fonctionnement. Le point de départ était quelques centaines de mille francs; au 1ᵉʳ janvier 1883 le compte des sommes dues aux déposants s'élève à près de douze millions.

A quelle date
la
première caisse
a été créée
en France

A quelle époque
date
la caisse de Lille

Quelle a été
sa
progression

Le seul compte-rendu que nous possédons des opérations des Caisses d'Épargne pour la France entière est celui de 1878. A la fin de cette année, le nombre des livrets aux mains des déposants était de 3,173,721 et le solde dû aux mêmes déposants était de 1,016,166,402 fr. 87.

Quel est l'état
de la
caisse d'epargne
en France

Nous avons tenu à citer ces chiffres qui se sont, depuis 1878, considérablement augmentés, pour montrer à quel point un tel état de choses est à la fois satisfaisant et rassurant. On y a pour les classes laborieuses un gage d'aisance et de moralité, pour l'industrie un élément d'activité et de progrès, pour l'État, enfin, un lien qui le rattache aux masses par la solidarité d'intérêts communs.

Que fallait-il pour donner à cette institution un développement plus considérable encore? Les caisses d'épargne sont donc véritablement la Providence des classes laborieuses, et si elles n'ont pas un développement plus considérable encore, cela tient à la difficulté qu'on éprouvait d'en établir partout. L'État y a pourvu, en partie, par la création des caisses d'épargne scolaires et des caisses d'épargne postales.

V.

Caisse d'épargne scolaire. Par la caisse d'épargne scolaire, on fait pénétrer l'esprit de prévoyance dans la famille au moyen du plus touchant des sentiments : la tendresse paternelle et maternelle. Comment les parents résisteront-ils à la prière de l'enfant qui leur demandera une faible somme, non point pour la dissiper, mais pour s'en créer un pécule ?

Son résultat dans une commune rurale du Nord. Dans une commune rurale des environs de Lille, à Flers, la caisse d'épargne scolaire a été créée au commencement de l'année scolaire

1881-1882. Sur 127 élèves, 111 ont été déposants, et le montant de ces 111 livrets s'est élevé pour cette année, seulement, à 2,572 fr.; pour l'année scolaire de 1882-1883, les dépôts s'élèvent pour cinq mois à 1,564 fr., avec 124 livrets pour 132 élèves.

C'est une commune tout entière acquise à l'esprit d'économie et de prévoyance par le fonctionnement de l'épargne scolaire; et si l'esprit d'épargne est une véritable force, ne peut-on espérer que sinon tous, au moins la majeure partie des enfants qui l'auront pratiquée dans leur jeune âge, lui seront fidèles dans l'avenir?

VI.

Au moyen de la mesure qui met les bureaux de poste et leurs employés au service des déposants, avec faculté, pour ceux qui se déplacent, de toucher dans tous les bureaux du territoire le montant de leur livret, les dépôts vont prendre plus d'extension encore.

Nulle institution n'a réuni plus de suffrages que la caisse d'épargne et ne les mérite mieux; nulle ne peut avoir plus d'influence sur la paix publique et plus améliorer la condition, les mœurs et l'esprit des populations laborieuses.

VII.

Sociétés de secours mutuels

Après la caisse d'épargne, viennent comme créations d'utilité publique. fonctionnant sous le contrôle et avec la garantie de l'État. moyennant l'accomplissement de quelques formalités des plus simples, les sociétés de secours-mutuels et la caisse des retraites.

Comment s'établissent-elles ordinairement?

La formation des sociétés de secours mutuels est due le plus souvent à l'initiative de personnes qui, désintéressées dans l'entreprise, y apportent un contingent gratuit et prennent le titre d'associés *honoraires*. Dans beaucoup d'établissements industriels, c'est le patron qui crée la caisse de

Quel est leur but?

secours mutuels et contribue pour la plus grosse part à son alimentation, et, au moyen d'une cotisation minime, chacun des associés est assuré d'un traitement et d'une médication gratuits en cas de maladie ou d'accident, avec un secours journalier pendant la durée de l'incapacité de travail.

VIII.

Caisse de retraites.

Quant à la caisse de retraites, elle a pour objet d'assurer à l'ouvrier des moyens d'existence rsque le moment du repos volontaire ou forcé sera venu pour lui ; elles sont des institutions de prévoyance contre la vieillesse, comme les sociétés de secours mutuels prévoient la maladie. Moyennant le versement d'une certaine somme en bloc ou par fractions, somme d'autant moindre que l'âge de l'assuré est moins avancé, cet assuré a droit à une pension de retraite proportionnée à la somme versée.

Ces deux institutions sont de date récente et, de jour en jour, les pouvoirs publics s'efforcent d'en étendre et d'en augmenter les effets. Mandataire de la Nation qui lui alloue chaque année un budget pour assurer à tous l'ordre, la liberté et la sécurité dans le travail et l'échange, l'État ne peut mieux comprendre sa mission qu'en venant ainsi en aide à la classe laborieuse, et ces créations sont l'honneur de notre époque. Toute société qui facilite aux travailleurs l'épargne et l'accès à la fortune, contribue par cela même au développement de la richesse et du bien-être publics.

IX.

Quelques esprits aventureux voudraient, qu'allant plus droit au but encore, l'État s'emparant du capital le mît aux mains des travailleurs. Mais alors c'est l'État qui, au lieu d'être le mandataire de la Nation, salarié par l'impôt, deviendrait le maître et le dispensateur de la fortune publique. Il devrait, au moins en ce cas, contraindre au travail ceux auxquels il remettrait ainsi l'instrument du travail : le capital

Déjà nous l'avons dit et cela est évident, toute société dans laquelle le Pouvoir, au lieu de garantir à chacun la possession de son bien, peut s'en emparer à son gré ; où il ordonne et impose le travail au lieu d'en assurer la liberté, est en état de servitude, et, outre l'abjection d'un tel état, nous savons s'il est propre à favoriser la richesse publique.

X

Au moyen des assurances, enfin, contrats d'assurances contre les incendies, contre les accidents, contre la mort, l'homme prévoyant et sage cherche, dans son intérêt comme dans celui de sa famille, à mettre son capital à l'abri des risques que peuvent lui faire courir le feu, les accidents, la maladie.

Moyennant la prestation d'une prime stipulée dans un traité passé avec une grande compagnie organisée dans ces vues, il peut assurer le paiement d'une somme relativement considérable à ai-même en cas d'incendie ou d'accident, à sa famille en cas de mort.

XI.

Parmi les créations qui ont pour objet de faciliter aux ouvriers l'accès de la propriété, il en est une encore qui mérite une mention spéciale.

Elle consiste de la part d'établissements industriels ayant une importance et un capital suffisants, ou de la part d'associations philantropiques à construire des maisons qu'elles mettent à la disposition des ouvriers, en leur offrant le moyen d'en devenir les propriétaires.

Ces maisons sont généralement pourvues d'un jardin et de tout ce qui peut rendre une habitation agréable et commode.

Construites avec l'économie que comporte toujours l'acquisition d'un terrain en bloc et des constructions faites en grand, toutes sur le même modèle, ces habitations ne se louent pas plus cher que les logements insalubres qu'occupent la plupart des ouvriers.

Moyennant une légère addition au prix du loyer, chaque occupeur peut devenir propriétaire de sa maison au bout de 15 ou 16 ans.

7*

Cette ingénieuse combinaison existe dans plusieurs villes de France et de l'Angleterre. Mulhouse a donné un remarquable exemple de ce qu'elle peut produire.

A Lille, une société de ce genre s'est formée en novembre 1867.

Les maisons construites sont au nombre de 318 et déjà, par des versements anticipés, 201 de ces maisons appartiennent à leurs occupeurs.

XII.

Mais si la société moderne a beaucoup fait en créant et en améliorant, de jour en jour, ces institutions, c'est surtout en répandant partout l'instruction qu'elle a le mieux compris le devoir qui lui incombe d'établir entre ses membres la seule

égalité possible, celle de la culture intellectuelle qui permet à tous d'arriver à tout.

Dans tous nos centres industriels, la statistique démontre que le plus grand nombre des fortunés d'aujourd'hui étaient des ouvriers hier.

Ouvrier, contre-maître, directeur, associé, patron, la filière est, par de nombreux exemples, indiquée pour ceux qui ont à la fois l'instruction qui ouvre l'esprit, apprend à observer, comparer, et juger, et cette volonté énergique à laquelle rien ne résiste, lorsqu'à la volonté se joignent les aptitudes.

Volontiers donc nous dirions à la jeunesse, instruisez-vous, le reste vous viendra par surcroît.

APPENDICE.

CHAPITRE Ier.

ORIGINES DE LA SCIENCE ÉCONOMIQUE.

Ici se placerait naturellement et fort à propos, l'histoire de l'économie politique. Mais les proportions que nous voulons conserver à cet ouvrage ne nous permettant pas de traiter le sujet avec les développements qu'il comporte, contentons-nous d'esquisser les origines de la Science Économique.

Dans l'état social ancien, quand une démarcation infranchissable existait entre le maître et l'esclave, le patricien et le plébéien, le riche et le pauvre et que le travail, déclaré infâme, était affaire de prisonniers, d'esclaves ou de serfs, l'économie politique n'avait pas sa raison d'être. Elle n'est autre, en effet, que l'étude du travail

7**

industriel et de l'échange, *de la mutualité des services en un mot*; et pour qu'elle existât, il fallait que le travail libre et honoré, devînt la loi des sociétés. Aussi, à part quelques essais sans portée, est-ce au siècle dernier seulement qu'on voit apparaître la première doctrine économique, digne de ce nom.

Elle eut pour auteurs une pléiade de ces penseurs illustres dont les écrits ont préparé *la déclaration des droits de l'homme*, cette charte d'affranchissement de l'humanité, que la France a créée, proclamée, scellée de son sang et qui restera son éternel titre à l'estime et à la reconnaissance de tous les peuples.

La secte dés philosophes de cette époque qui s'occupa le plus particulièrement des lois écono miques prit le nom de Société des *Économistes*, ou des *Physiocrates*, de φυσις, nature, leur doctrine reposant sur cette donnée que la terre, seule, est le fondement de toute richesse. Ils auraient dû y joindre le travail et le capital, mais leurs écrits n'en renferment pas moins, en substance, ce qui constitue la Science Économique. L'objet principal de leurs efforts était l'affranchissement du travail et la liberté des échanges : principes qu'ils ont réussi à faire en partie triompher, même de leur temps, malgré la résistance de ceux qui, intéressés au maintien.

des privilèges et des abus, étaient alors tout puissants.

Au nombre des plus célèbres d'entre eux citons Boisguilbert, Vauban, Quesnay, Turgot.

Ajoutons-y Adam Smith, Francklin, J.-B. Say, Coleden, Bastiat et nous aurons la liste des principaux fondateurs de la Science Économique. De tous, on peut dès à présent dire, qu'il n'y a eu parmi eux que de véritables amis de l'humanité, ni un homme de mauvaise foi, ni un mauvais citoyen.

Consacrons à chacun d'eux une courte biographie.

CHAPITRE II.

BIOGRAPHIE DES PRINCIPAUX FONDATEURS DE L'ÉCONOMIE POLITIQUE.

BOISGUILLEBERT. — De Boisguillebert, lieutenant général au baillage de Rouen (mort en 1724 à Rouen, où on le croit également né) est le précurseur des Économistes. Ses ouvrages, qui dépeignent l'état économique du pays sous Louis XIV, sont inspirés d'un vif sentiment de patriotisme et lui ont valu l'amitié d'hommes comme Vauban.

VAUBAN. — Vauban (né en 1633 en Bourgogne, mort en 1707) fut le fils de ses œuvres.

Quoique orphelin en bas âge et élevé avec les enfants du peuple, il devint le plus illustre ingénieur militaire de son siècle et fut fait maréchal de France.

C'était aussi un économiste éminent.

Il voulait substituer un impôt unique à la foule des contributions existantes et abaisser la taxe sur le sel. Il eut le courage de publier ce projet bien que cette publication dût inévitablement lui attirer l'hostilité d'un grand nombre d'hommes puissants dans l'État.

Quesnay. — C'est François Quesnay qui fonda en réalité la science économique pressentie par Boisguillebert et Vauban. Il naquit à Mérey en 1694 et mourut en 1774. Issu d'une famille modeste, il fit presque sans maîtres d'excellentes études.

Il exerça la chirurgie avec un grand succès, devint médecin du roi Louis XV, et l'on constate, à son honneur, que, bien qu'ayant peu de fortune, il ne se servit, ni pour lui ni pour les siens, de son crédit à la Cour.

En même temps que la physiologie du corps humain, Quesnay étudia profondément la physiologie du corps social. Il est le chef de cette école célèbre dont nous venons de parler, qui considécait l'industrie agricole, *la terre,* comme source unique de richesse, et qui s'était vouée à l'établissement du principe de la liberté du travail et des échanges.

Turgot. — Turgot (né à Paris en 1727, mort en 1781) fut le plus illustre disciple de Quesnay,

Fils du prévôt des marchands de Paris, il s'éleva à des fonctions considérables dans la magistrature, puis dans l'administration. Il est l'auteur d'ouvrages où l'on trouve exposées les plus saines idées sur la division du travail, les fonctions de la monnaie, la liberté du Commerce et de l'Industrie, l'influence des communications, et enfin, la formation des capitaux. « Dieu, dit-il, en donnant à l'homme des besoins et en lui rendant nécessaire la ressource du travail, a fait du Droit de travailler la propriété de tout homme et cette propriété est de toutes la plus imprescriptible et la plus sacrée. »

Devenu contrôleur général des finances sous Louis XVI, il appliqua ces théories en faisant décréter la liberté du commerce des grains, l'abolition des corvées et l'affranchissement des classes ouvrières. Malheureusement, ces belles réformes succombèrent bientôt sous les efforts des intéressés au maintien des abus et des privilèges. Ce fut la révolution qui, un peu plus tard, es fit triompher.

Smith. — Adam Smith (né en 1723, mort en 1790) est un célèbre professeur de belles-lettres qui vint d'Écosse en France, au temps de Quesnay et de Turgot, et se mit en relations avec eux. De retour en Angleterre, il fit un grand ouvrage *sur la nature et les causes de la richesse des nations.* Mais à la différence de Quesnay, il considère, — non plus la terre, — mais bien le *travail* comme fonds essentiel de production. Il revendiquait, du reste, pour tous les producteurs, la liberté dans le choix du travail, dans le mouvement des capitaux et la circulation des produits.

FRANKLIN. — Benjamin Franklin (né à Boston en 1706, mort en 1790) fut un économiste américain qui, comme son contemporain Smith, exalta la puissance productive de l'activité et de l'épargne, et flétrit énergiquement le gaspillage et la paresse

Sa vie d'ailleurs fut le meilleur exemple à offrir de l'application de ses principes. Issu d'une famille d'artisans, il s'éleva par son travail et son intelligence à de hautes fonctions. C'est à lui que l'on doit la fameuse devise ; *time is money* » le temps c'est de l'argent.

J.-B. SAY. — Jean-Baptiste Say (né à Lyon en 1767, mort en 1832) développa son penchant pour l'étude des lois économiques en méditant l'ouvrage d'Adam Smith. Il établit à Auchy (Pas-de-Calais) une filature de coton et y réalisa une brillante fortune. S'étant alors retiré des affaires, il se consacra tout entier à l'enseignement de l'Économie Politique et publia son livre intitulé : traité de l'Économie Politique

Pour J.-B. Say les fonds de terre et les capitaux sont les deux principales sources des richesses et c'est le travail qui donne la vie à cet ensemble. Mais ce qui lui assure une immortelle renommée c'est sa théorie des débouchés. « Les produits, a-t-il dit, ne se paient qu'avec des produits et, empêcher d'acheter c'est empêcher de vendre. Une branche de commerce qui prospère fournit de quoi acheter et fournit par conséquent des débouchés à toutes les autres. Une nation est par rapport à une nation voisine dans le même cas qu'une province par rapport à une autre province. Elles sont toutes intéressées à se voir prospérer parce qu'elles profitent de l'opulence mutuelle. »

On peut dire que, dès cette époque, date une méthode savante, sévère et complète de l'Économie Politique, et l'ouvrage de J.-B. Say est resté jusqu'aujourd'hui le traité le plus complet qui existe en la matière.

Cobden. —· De même que Say, Richard Cobden (né en Angleterre en 1804) devint un célèbre économiste après avoir été un éminent manufacturier. Il s'est signalé par la part qu'il a prise à l'établissement de la liberté industrielle dans son pays et au mouvement international en faveur de la paix ; il est considéré comme le chef de la *Ligue de la Paix*.

Bastiat. — Frédéric Bastiat (né à Bayonne en 1801, mort en 1850) traduisit les œuvres de Cobden et contribua ainsi à les vulgariser en France, — il a de plus laissé de nombreux écrits qui sont des prodiges de verve et de bon sens. Ce qui le distingua, surtout, c'est la lutte qu'il soutint contre les théories utopistes de son époque dont nous allons parler. Écrites avec une clarté de déductions, une vigueur et une pureté de style remarquables, ses œuvres sont de celles qui délassent en même temps qu'elles instruisent et en quelqu'endroit qu'on ouvre un de ses livres, en un moment de loisir , on y trouve intérêt et profit.

Au point de vue scientifique, la démonstration de l'harmonie des lois économiques est un chef-d'œuvre. Toutes ces lois, établit-il, tendent vers un but commun : le perfectionnement progressif de la vie humaine et ce but ne peut être atteint que par le respect de la liberté et de la propriété de tous et de chacun.

Il n'y a aucune exagération à dire que *ses harmonies économiques* resteront au nombre des meilleures productions de l'esprit humain.

CHAPITRE III.

DE L'ÉCONOMIE POLITIQUE UTOPISTE.

L'auteur de ce livre appartient par ses jeunes années à une époque où parurent des théories réformatrices qui firent grand bruit. La plus célèbre d'entr'elles était celle du comte de Saint-Simon à laquelle s'attachèrent des hommes instruits (en toutes autres sciences, il est vrai, qu'en la science économique). C'étaient des littérateurs, des historiens, des ingénieurs, des légistes même, doués la plupart d'imaginations promptes à s'enflammer. Rentrés en grand nombre aujourd'hui dans les carrières auxquelles les appelaient leurs études spéciales et leurs aptitudes, ils ne peuvent se rappeler, sans sourire, leur culte de la doctrine Saint-Simonienne.

Il y eut presque en même temps ou peu après les écoles de Fourier, de Considérant, de Cabet, de Proudhon et bien d'autres que j'omets.

Leurs systèmes procédaient tous de cette donnée, que l'économie sociale est un arrangement artificiel pouvant naître tout d'une pièce de la tête d'un inventeur.

Partant de là, ils imaginaient un système qu'ils substituaient à celui de la Providence. Leur seule préoccupation alors était, pour chacun d'eux, de faire accepter son mécanisme à l'exclusion de tous les autres, et notamment de celui qui est sorti de l'organisation de l'homme et de la nature des choses.

Ainsi la doctrine Saint-Simonienne préconisait le classement des positions par mesure sociale, suivant les capacités, et aboutissait à l'abolition des héritages.

Le système de Fourier, fondé sur la communauté, imaginait une vaste construction, appelée Phalanstère, habitée par les phalanges associées des travailleurs de toute espèce. Il ne lui répugnait pas de soustraire les enfants à l'action paternelle pour les élever tous en commun !

De pareilles tentatives, envisagées à distance, n'inspirent plus que de la compassion, et on ne voit plus aujourd'hui, chez leurs auteurs, qu'une sorte de folie née d'un incommensurable orgueil.

Mais ce qu'il faut se rappeler, c'est qu'elles ont eu leurs dangers, car elles ont dévoyé de belles intelligences, des cœurs généreux, épuisé en efforts et en agitations stériles des forces qui auraient pu concourir efficacement au développement de la prospérité publique , et, en un mot, causé une redoutable effervescence.

Ces mêmes dangers se représentent, en ce moment, revêtant une autre forme , mais procédant toujours du même principe : la substitution aux lois de la société telles qu'elles existent et fonctionnent , de lois artificielles et d'un mécanisme nouveau.

Nous avons aujourd'hui outre les communistes, les collectivistes , les mutuellistes et les anarchistes. Sous quelque dénomination qu'ils se rangent, les adeptes de ces systèmes sont loin de s'entendre sur le terme même de l'appellation, ni, par conséquent, sur la mise en application du procédé.

Aussi des essais dont ces conceptions ont été parfois l'objet : essais de la doctrine de St-Simon, ou de celle de Fourier et d'Owen , et de bien d'autres ; comme des insurrections nées de ce que l'on a appelé des mouvements socialistes, il n'est rien resté, rien que des déceptions, ou des larmes et du sang répandus, pas même une idée, ni un rudiment de progrès dans l'ordre social.

C'est contre la stérilité de pareilles inventions que la science économique a pour but de réagir. En analysant les faits sociaux, sa seule prétention est de montrer que l'humanité est un corps vivant, sentant, voulant et agissant, non pas

d'après des lois qu'il s'agit d'inventer et d'imposer, mais bien d'après les règles existantes, dic-
tées par une autorité à laquelle personne ne peut
se soustraire, celle de la Providence elle-même,
règles qu'il suffit d'étudier pour en reconnaître
la sagesse et pour y conformer ses aspirations.

C'est à cette démonstration seule que l'auteur
de ce modeste ouvrage a voulu apporter ici son
concours. Pour être complet il aurait dû traiter
encore du crédit, de l'impôt, de la rente, de la
population, etc., le sujet est inépuisable. Mais il
ne s'est pas dissimulé, que ces matières sont
délicates, et qu'en les abordant, il était exposé à
sortir, parfois, du domaine des lois essentielles,
indiscutables.

Pour parer plus sûrement au danger des conceptions utopiques, il a cru plus sage de ne laisser
place à aucune controverse, à aucun doute, et de
se borner à cet exposé élémentaire de vérités qui
s'imposent, pour ainsi dire, par leur évidence
même.

A leur égard l'accord est unanime chez tous
ceux qui se sont occupés, non pas de créer, mais
d'observer les lois du monde social.

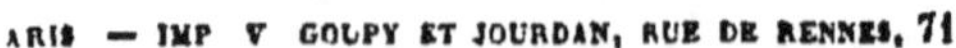

PARIS — IMP V GOUPY ET JOURDAN, RUE DE RENNES, 71